ENCONTRANDO MI
IDENTIDAD

LA PATERNIDAD ESPIRITUAL Y NATURAL

SERIE DE TRANSFORMACIÓN | TERCER VOLUMEN |

MARITZA RIVERA

ENCONTRANDO MI
IDENTIDAD
© Maritza Rivera

1ra Edición 2023

Referencias bíblicas han sido extraídas de la Biblia Reina Valera en 1960.

Categoría: Discipulado / Reino
Diagramación: Andrea Jaramillo, Ecuador
Portada y arte interior: Andrea Jaramillo

Impresión: Estados Unidos de América

ESCRÍBENOS A:
serietransformation@gmail.com | Msmarza123@gmail.com

ISBN: 9798868349027

Síguenos: mariamaritzarivera2431

AGRADECIMIENTO

Quiero expresar mi eterna gratitud al Padre Celestial, a nuestro Señor Jesucristo y al poderoso y mediador Espíritu Santo, por Su hermosa inspiración y Su infinita gracia. También agradezco por las profundas revelaciones en todos los temas que se presentan en este libro. Quiero dar las más fervientes gracias a mi amado esposo, Rodolfo Rivera, y a mis preciosos hijos: Tony, Abigail y Rodolfito. A mi hermosa nieta, Zoe Noel, le agradezco por todo su amor y su constante apoyo.

Asimismo, quiero agradecer a todos mis buenos y queridos amigos, así como a los amados hermanos en la fe, por su apoyo incondicional en todo momento. Les agradezco de corazón a todos. Igualmente, de manera muy especial a Simón Aquino, Alejandro Garcia, y Wagner Mendez por todo su apoyo. Los bendeciré siempre en el nombre de Jesús.

Indice

Indice

COMENTARIO

Por **Simón Aquino**
PROFÉTA DE CHILE

Acabo de leer este libro y mi comentario es que está muy bueno tal como quedó. Es fácil de leer y entender. Además, es una excelente herramienta tanto para uso personal como para trabajar en grupo, ya que proporciona preguntas y respuestas para reflexionar en los diferentes temas.

Creo que es muy práctico para los grupos que están madurando en el entendimiento de la verdadera paternidad. Personalmente, creo que les ayudará mucho a abordar el tema de la Orfandad, el cual está muy completo. Además, como lo has planteado, es coherente y preciso. En este capítulo dejas claro lo que se necesita realmente para dejar de ser huérfano, y afirmo que es una verdadera revelación del Padre.

Por esa razón, puedo agregar al tema de la Orfandad: "Es cuando estamos completos en Él". De igual manera, podría decir que así es como somos hijos. Esto implica ir alcanzando la estatura del varón perfecto, un proceso cotidiano y constante que nos ayuda a crecer juntamente.

Este libro, "Descubriendo mi Identidad," realmente nos ayudará a avanzar en el proceso de desarrollo y a despojarnos de la orfandad que habita en nuestro corazón y espíritu. Asimismo, nos llevará a establecer una relación plena con nuestro Padre Celestial, a la que hoy llamamos "hijidad". A medida que avanzamos en el conocimiento, la revelación y la relación con Él, nos liberamos más rápidamente del pecado original, que es como una herida de la orfandad misma. Al mismo tiempo, encontramos nuestra verdadera identidad como hijos del Padre.

En lo personal, enfatizo que este libro me ha parecido muy revelador y claro. Cuando explica el tema del "Activismo religioso", lo hace de manera detallada y con ejemplos que tú misma has vivido con tu propia familia.

Concluyo que la forma en que este libro está planteado y diseñado es definitivamente clara en todos sus aspectos. En mi opinión, está perfecto. Es una verdadera herramienta que permitirá a todos trabajar en el proceso de descubrir su verdadera identidad como hijos de Dios, ya sea de manera personal o en grupo.

COMENTARIO

Por **Alejandro García**
COLOMBIA

Este libro "Encontrando mi Identidad," al igual que los libros uno y dos de "Jesús, Él es..." escritos por la Pastora Maritza Rivera, es fundamental para el crecimiento del cuerpo de Cristo. En mi opinión, estos libros deben ser leídos por cada creyente, ya sea recién convertido a Cristo o con años de experiencia en el evangelio. Específicamente, en esta tercera serie, profundiza en los primeros ocho capítulos y nos lleva a explorar los fascinantes temas de la paternidad y la orfandad. Ambos temas nos ofrecen una comprensión profunda y nos iluminan a través de la Palabra, que debemos enfocar en nuestro Padre Celestial, quien nos revela nuestra identidad como verdaderos hijos de Dios. Sin esta revelación, estaríamos construyendo sobre arena. Es crucial conocer cuándo el Padre nos revela nuestra identidad como sus verdaderos hijos.

Por otro lado, es importante mencionar que cuando el Padre desde los cielos dijo audiblemente: "Este es mi Hijo amado en quien tengo complacencia," Jesús fue llevado al desierto para ser probado en su identidad como Hijo. Es a partir de ese momento que inicia su gran ministerio en la tierra. Como el primogénito de Sus hijos, Jesús comienza a manifestar toda Su deidad y grandiosa obra en todas partes donde va.

Me parece excelente el énfasis que la hermana Maritza expone a la luz de las Escrituras sobre el punto cinco: "Solo hay un solo Padre," tal como lo dijo Jesús en

> "Y no llaméis padre vuestro a nadie en la tierra; porque uno es vuestro Padre, el que está en los cielos."
> **Mateo 23:9**

Estoy seguro de que el Apóstol Pablo no quería contradecir lo que dijo Jesús, cómo se refleja en los siguientes versículos:

> "No escribo esto para avergonzaros, sino para amonestaros como hijos míos amados. Porque aunque tengáis diez mil ayos en Cristo, no tendréis muchos padres; pues, en Cristo Jesús yo os engendré por medio del evangelio. Por tanto, os ruego que me imiteis"
> **1 Corintios 4:14-16**

Aquí, Pablo no se refiere a sí mismo como un padre espiritual, sino como alguien que compartió el evangelio y engendró a través de él la vida de Cristo en los creyentes. Esto produce verdaderos hijos de Dios, no hijos espirituales de Pablo ni de ningún otro hombre.

Los siguientes versículos hablan por sí solos:

> "Porque diciendo el uno: Yo ciertamente soy de Pablo; y el otro: Yo soy de Apolos, ¿no sois carnales? ¿Qué es Pablo, y qué es Apolos? Servidores por medio de los cuales habéis creído; y eso según lo que a cada uno concedió el Señor. Yo planté, Apolos regó; pero el crecimiento lo ha dado Dios. Así que, ni el que planta es algo, ni el que riega, sino Dios, que da el crecimiento. Y el que planta y el que riega son una misma cosa, aunque cada uno recibirá su recompensa conforme a su labor. Porque nosotros somos de Dios, y vosotros sois labranza de Dios, edificio de Dios"

1 Corintios 13: 4-9

Es evidente que en la iglesia de los Corintios había un conflicto de identidad. La falta de identidad conduce a divisiones en la iglesia. Cuando un creyente no tiene la revelación de su identidad como hijo de Dios, corre el riesgo de caer en la idolatría al buscar su identidad en el hombre o en un ministerio. Esto lo digo basado en mi propia experiencia. Inconscientemente, yo carecía de identidad hasta que tuve un poderoso encuentro cara a cara con Jesucristo. En ese momento, el velo de la idolatría se rompió, se abrieron las puertas del cielo y me conecté con la fuente genuina de vida: mi Padre Celestial. Desde ese día, mi vida cambió por completo.

INTRODUCCIÓN

Ha sido tremenda la bendición de las dos series anteriores. Muchas personas me han manifestado la gran bendición que han recibido a través de la revelación de las Escrituras con estos manuales.

Amados, en esta tercera serie de transformación les estoy presentando estos temas:

- La paternidad espiritual y natural.
- Cultivando valores humanos.
- Tenemos un único Dios y
  Padre Espiritual.
- La unidad entre el Padre y el Hijo.
- Honrando a los padres.
- El nacimiento del agua y del Espíritu.
- Renaciendo y siendo regenerados.
- La orfandad.
- Descubriendo mi identidad como hijo.

Deseo de todo corazón que al leer cada tema, el Espíritu Santo revele las verdades escritas aquí. Que tus ojos y oídos espirituales se abran para que la revelación de Su Palabra deje una profunda huella en tu vida, trayendo grandes revelaciones. Verdaderamente, sean bendecidos, amados.

La
PATERNIDAD

Comencemos por definir brevemente el concepto de paternidad, es una palabra que proviene del latín **"paternitas"** y está relacionada con el rol de ser padre.

La paternidad es una hermosa relación que surge entre los padres y sus hijos. Es la unión de amor entre un progenitor y su descendencia, donde se establecen lazos de cariño y una responsabilidad incondicional. Los padres se esfuerzan y comprometen a dar lo mejor de sí mismos de manera voluntaria a sus hijos.

El término **"paternidad"** se aplica tanto al hombre que es padre como a la mujer que es madre. La palabra **"maternidad"** proviene del latín y se refiere específicamente a la mujer que da a luz a un niño o una niña. Juntos, los padres forman un hogar lleno de amor y cuidados para satisfacer todas las necesidades de sus hijos. Ser padre no se limita a quien engendra, sino a aquel que decide adoptar a un niño como propio.

La paternidad desempeña un papel fundamental en la crianza de los hijos, especialmente en los primeros cinco años de su desarrollo, abarcando aspectos emocionales, espirituales, sentimentales y educativos.

Mateo 5:48 nos insta a: "Ser perfectos, como vuestro Padre celestial es perfecto. Esto nos muestra el modelo de paternidad que debemos seguir, reflejando la excelencia y el amor inmenso de nuestro Padre celestial hacia todos sus hijos."

Salmos 2:7-8 declara: "Yo publicaré el decreto; Jehová me ha dicho: Mi hijo eres tú; Yo te engendré hoy. Pídeme, y te daré por herencia las naciones, como posesión tuya los confines de la tierra."

Esto nos ayuda a comprender la paternidad en el contexto divino y las promesas que Dios nos hace como hijos.

Es importante entender los diferentes tipos de paternidad, comenzando por la paternidad de nuestro Padre Celestial, quien nos creó y nos formó en el vientre de nuestras madres.

> **Salmos 139:13-14** nos dice: "Porque tú formaste mis entrañas; tú me hiciste en el vientre de mi madre. Te alabaré; porque formidables, maravillosas son tus obras; estoy maravillado, y mi alma lo sabe muy bien."

También abordaremos la figura del padre biológico, aquel que nos engendra al depositar su esperma en el óvulo de la mujer. Todos los seres humanos tenemos padres naturales legítimos o padres adoptivos, también conocidos como padres de crianza.

LA PATERNIDAD NATURAL

Al definir la paternidad natural, podremos comprender mejor el concepto de paternidad espiritual más adelante. El padre natural es el hombre que procrea hijos, que los engendra y los cría. También incluye a aquellos que adoptan el rol de padre para hijos que han perdido a su progenitor.

CUALIDADES Y RESPONSABILIDADES

A continuación, mencionaré algunas de las cualidades y responsabilidades que califican a las personas para asumir el papel de padres y madres:

- Amoroso
- Incondicional
- Responsable
- Proveedor
- Amigo
- Cuidador
- Protector
- Quien disciplina y corrige
- Autoridad en el hogar
- Persona íntegra y moral
- Modelo a seguir
- Sensible y empático
- Coherente y compasivo

MÁS CARACTERÍSTICAS DE UN PADRE NATURAL

Un padre natural actúa con justicia y respeto hacia sus hijos, sin crear desigualdades. Brinda amor y cuidado por igual a cada uno de sus hijos, sin importar si son hijos de diferentes padres o relaciones. Es una persona confiable y coherente en sus objetivos de crianza, aunque estos objetivos puedan adaptarse con el tiempo. Es esencial que el padre sea un excelente comunicador, buscando establecer una relación de confianza, amistad y respeto con sus hijos. Esto le permitirá transmitir los valores y principios morales y espirituales necesarios para el desarrollo de cada ser humano.

LA AUSENCIA DE LA PATERNIDAD Y SUS CONSECUENCIAS

Lamentablemente, en la actualidad, la paternidad está ausente en muchos casos, lo que lleva al abandono y al rechazo, lo cual puede ser perjudicial para los hijos.

Es triste observar que la responsabilidad de ser padre se ha perdido en la sociedad actual. La ausencia de padres en el hogar ha aumentado debido al activismo en la vida laboral y ministerial. El valor de vida se ha triplicado en muchas áreas, lo que hace que ambos padres tengan que trabajar largas jornadas para cubrir las necesidades económicas, materiales y educativas del hogar. Después de la pandemia, el costo de vida ha aumentado significativamente, y esto es evidente en los supermercados, en el costo de los alimentos, en la atención médica, por los precios de la vivienda y en la educación de los hijos. Esta realidad se ha vuelto una locura total, y no hay esperanza a la vista.

Esta situación obliga a los padres a pasar más tiempo fuera de casa, dejando a sus hijos solos y a cargo de extraños, quienes pueden influir en ellos con sus propios valores y costumbres.

Esto expone a los niños y jóvenes a diversas inmoralidades, como la violación, el secuestro y, en algunos casos, incluso la muerte debido a la negligencia. Un triste ejemplo es un incidente en una guardería infantil en el Bronx, Nueva York, en septiembre de 2023, donde varios niños fueron expuestos al mortal fentanilo, que es cincuenta veces más potente que la heroína, lo que resultó en la muerte de un niño de tres años y la hospitalización de otros tres.

Esta generación está pagando el precio del abandono. Los padres pasan menos tiempo en casa, justificando su ausencia debido a la necesidad económica y las responsabilidades en la congregación religiosa. La falta de tiempo de calidad con los niños lleva a la búsqueda de tutores externos para ayudar con las tareas escolares. La dedicación excesiva a las redes sociales y otras actividades también contribuye a esta situación.

En última instancia, esta generación se ha liberado del compromiso de ser padres a tiempo completo, y surge la pregunta:

- ¿Quién tiene la responsabilidad de educar a nuestros hijos?

- ¿Quién les inculca los valores morales tan importantes?

- ¿Quién les enseña el temor de Dios?

• ¿Quién les brinda tiempo para escucharlos?

• ¿Quién ora con ellos y les infunde la fe en Dios, quien le administra seguridad y confianza?

• ¿Alguna vez te has preguntado a quién le estás confiando la crianza de tus hijos?

Yo misma me he planteado estas preguntas. Con el paso del tiempo, cometí estos mismos errores y hemos visto las consecuencias. Los valores que sembramos como padres en nuestros hijos, tarde o temprano darán fruto.

Recuerdo una anécdota que viví con mi esposo, nuestro hijo mayor (que tiene doce años más que sus hermanos menores) y los dos hijos más jóvenes. Éramos líderes en nuestra congregación: mi esposo lideraba el grupo de discipulado y yo lideraba el equipo de evangelismo. Algunos días de la semana teníamos reuniones en diferentes grupos. Otros días salíamos a la calle para repartir tratados y hablar sobre Cristo a la gente. Esto nos llevaba a estar ocupados casi todas las noches, ya que teníamos la responsabilidad de liderar estos ministerios.

Los martes asistíamos sin falta a la reunión de entrenamiento del equipo pastoral, que era una clase para la formación de líderes. Los miércoles eran para las reuniones de estudio bíblico, los viernes para la oración e intercesión, y los sábados yo salía a evangelizar con otros hermanos evangelistas. Además, mi hija practicaba danza en el grupo de jóvenes, y mi hijo mayor asistía a sus reuniones. También formábamos parte del consejo pastoral, lo que significaba otra reunión mensual. Comparto esto para que tengan una idea de cuánto activismo teníamos en nuestra vida como "hermanos Rivera".

Por supuesto, nunca podíamos faltar ningún domingo, ya que era el día más importante de adoración y predicación. En verano, nuestro querido pastor tuvo la idea de que el grupo de evangelismo y yo saliéramos a evangelizar alrededor de las casas de iglesia, lo que hoy se conoce como células o grupos familiares. Incluso, algunos domingos por la tarde después del culto se dedicaban a esto.

Como resultado de todas estas reuniones y actividades, ni mis hijos, ni mi esposo, ni yo tuvimos tiempo de calidad para disfrutar en familia. Han pasado más de veinte años desde aquel entonces y mirando hacia atrás, nos parece una locura.

Además, no dedicamos tiempo para la adoración y la oración personal con nuestro Padre Celestial y conocerlo en la intimidad. Siempre pensábamos que estábamos sirviendo al Señor con todo nuestro corazón. Tristemente, no estábamos siendo buenos padres. Nuestros hijos se quedaban solos debido a todo el activismo religioso. Ahora puedo llamar a esos tiempos "locura". Me entristece profundamente pensar en todo esto. Realmente es doloroso haberles quitado tanto tiempo de calidad a nuestros hijos.

Espero que ustedes, hermanos y padres de familia, nunca lleguen a estos extremos y no cometan este grave error. Esta es mi opinión personal: debemos fortalecer y promover los valores en nuestros hijos. Necesitamos criar una generación de hijos y nietos saludables y bien cuidados, y equilibrar nuestro tiempo de calidad con ellos. Es fundamental dedicar tiempo para fortalecer los lazos de amor y amistad en nuestra familia, especialmente con nuestro amado Padre Celestial.

PREGUNTAS
DE REPASO
| TEMA UNO |

Responder Correctamente

1.- ¿Qué es la paternidad?

_____
_____
_____
_____
_____

2.- ¿Cuántos tipos de paternidad hay?

_____
_____
_____

3.- _____ es quien nos pensó, y nos colocó en el vientre de nuestra madre. Según el Salmos 139:13-14.

4.- ¿Cómo describiría la paternidad natural?

_____

_____

_____

_____

5.- Nombrar cinco cualidades y responsabilidades de un padre o madre natural:

1.- _____

2.- _____

3.- _____

4.- _____

5.- _____

6.- Describa una de estas cualidades, según lo
explicado.

_____

_____

_____

RESPUESTAS

1.- La paternidad es:

Es un gran compromiso y responsabilidades. De igual modo, es una hermosa relación entre padres e hijos, en la cual ambos entregan todo su amor de manera incondicional.

2.- Hay dos tipos:
La espiritual y la natural

3.- El es el Padre Celestial

4.- La paternidad natural: Es el hombre quien engendra hijos, y la madre quien da a luz. Además, está el padre que adopta, aceptando el compromiso de ser padre y/o madre.

5.- Cualidades de padre responsable:

Incondicional
Proveedor
Protector
Amoroso
Cuidador

2

Los VALORES HUMANOS

¿QUÉ SON LOS VALORES PATERNALES?

Antes de describir todos los valores ya mencionados, es muy sabio conocer la definición de la palabra valor. Los valores son cualidades y aptitudes de una persona que se manifiestan en su forma de actuar y decidir.

Son aspectos que nos permiten convivir de manera justa con las demás personas y son indispensables en la formación de nuestra familia. Estos son vitales para lograr una mejor convivencia a nivel global como so ciedad.

Vivir con valores es sumamente importante para construir un mundo mejor. Estos valores hay que potenciarlos, es lo mismo que aumentarlos, incrementarlos hasta que sean notables ante los ojos y la vida de nuestros hijos. Siendo así, tan evidente que se arraiguen en sus corazones por muchas generaciones.

¿Cuáles son los valores a los que debemos adherirnos?

Entre tantos valores que hoy debemos rescatar y cultivar están los siguientes:

- El amor

- El respeto

- La humildad

- La sinceridad

- La solidaridad

- La gratitud

- La fidelidad

- El servicio

- La paciencia

- El perdón

Meditando sobre estos valores, estaba en un momento de meditación y le pregunté al Señor: "¿Qué debemos hacer para que estos valores sean más utilizados y tomados en cuenta?" Dios me habló rápidamente con esta poderosa palabra: **"Los valores hay que potenciarlos."** Entonces le pregunté: "Padre, ¿cómo lograremos que estos valores sean incrementados?"

En seguida, Él me respondió: **"Haciéndolos resaltar, incrementandolos, practicándose con más frecuencia y que estas prácticas sean evidentes para nuestros hijos continuamente."**

Entendí que hay que hacerlos más visibles, y siempre hablar de ellos con nuestros hijos.

Hay que incrementarlos en nuestra vida y transmitirlos a nuestros hijos, nietos y futuras generaciones, así como a nuestra comunidad y hermandad. De esta manera, alcanzaremos beneficios comunes con nuestros semejantes y con el mundo entero. Los valores son cualidades que todavía consideramos buenas y honestas.

Por ejemplo, mi padre siempre nos enfatizaba, a mí y a mis hermanos, que no tomáramos prestado nada. Y si teníamos la necesidad de hacerlo, nos decía que fuéramos responsables y devolviéramos lo prestado tan pronto como fuera posible.

Otro valor era ser responsables con nuestras finanzas y evitar tener deudas económicas. Además, mantener un excelente historial crediticio, ya que ese valor podría ayudarnos en caso de emergencia.

"No seas de aquellos que se com-

prometen, ni de los que salen por fiadores de deudas."
Proverbios 22:26

Los valores humanos se cultivan y fortalecen.

Hoy en día, todos enfrentamos una dramática escasez de valores humanos. Principalmente, carecemos de valores como:

EL AMOR

"Amados, amémonos unos a otros; porque el amor es de Dios. Todo aquel que ama, es nacido de Dios, y conoce a Dios. El que no ama, no ha conocido a Dios; porque Dios es amor. En esto se manifestó el amor de Dios para con nosotros, en que Dios envió a su Hijo unigénito al mundo, para que vivamos por él."
Juan 4:7-9

El amor es uno de los más importantes frutos del Espíritu Santo.

"Pero el fruto del Espíritu es amor, gozo, paz, paciencia, benignidad, bondad, fe, mansedumbre, templanza; contra tales cosas no hay ley."

Galatas 5:22-23

El amor es similar a ser imitador de Jesús, quien es el amor encarnado.

Él se entregó por completo, nos preparó el camino que nos llevaría al Padre y a la vida eterna.

Jesucristo siempre brinda Su amor y nos recibe como Sus hijos amados.

Amar es dar la vida por los demás.

El amor de un padre hacia sus hijos debe ser incondicional, puro y noble.

"El amor es sufrido, es benigno; el amor no tiene envidia, el amor no es jactancioso, no se envanece; no hace nada indebido, no busca lo suyo, no se irrita, no guarda rencor; no se goza de la injusticia, sino que se goza de la verdad. Todo lo sufre, todo lo cree, todo lo espera, todo lo soporta."

1 Corintios 13:4-7

En todos estos valores está el gran amor de Dios.

"Hagan todo con amor."

1 Corintios 16:14

Todo lo que hacemos por ellos debe reflejar el amor y debemos hacérselo saber también a nuestros hijos.

"Y sobre todas estas cosas, vestíos de amor, que es el vínculo perfecto."

Colosenses 3:14

Es igualmente importante que nosotros, como padres, estemos cubiertos de amor para establecer vínculos con nuestros hijos.

"El amor sea sincero. Aborreced lo malo, seguid lo bueno."

Romanos 12:9

Este amor debe ser íntegro, sin hipocresía ni falsedad.

"Y nosotros hemos conocido y creído el amor que Dios tiene para con nosotros. Dios es amor; y el que permanece en amor, permanece en Dios, y Dios en él."

1 Juan 4:16

Definitivamente, el primer valor lo recibimos de Dios. La calidad del amor que brindemos dependerá de nuestra permanencia en Él.

> "Ámense los unos a los otros con amor fraternal; en cuanto a honra, prefiriéndoos los unos a los otros."
>
> **Romanos 12:19**

LA PACIENCIA

Esta virtud nos enseña a esperar a los demás y a tener fe en Dios.

> "Siendo humildes y amables, soportándoos con paciencia en el amor."
>
> **Efesios 4:2.**

La paciencia nos ayuda a ser tolerantes y afrontar las dificultades diarias con amor.

> "Mejor es ser paciente que valiente; mejor es el que domina su temperamento que el que conquista una ciudad."
>
> **Proverbios 16:32**

EL PERDÓN

Este valor nos hace ser mejores personas, nos permite mostrar amor y compasión.

"El que encubre la falta busca la amistad; el que la divulga, aparta al amigo."

Proverbios 17:9

El perdón nos libera de la necesidad de venganza o castigo.

"Sean amables y compasivos unos con otros, perdonándose mutuamente, así como Dios los perdonó a ustedes en Cristo."

Efesios 4:32

LA GRATITUD

La gratitud es ser agradecido, tanto con Dios como con las personas que nos han ayudado.

"Serán enriquecidos en todo sentido para que en toda ocasión puedan ser generosos, y para que por medio de nosotros la generosidad de ustedes resulte en acciones de gracias a Dios."

2 Corintios 9:11

Pablo enfatiza la importancia de la gratitud en algunas de sus cartas.

"Por tanto, tal como recibieron a
Cristo Jesús, el Señor, continúen
viviendo en él, arraigados y edifi-
cados en él, confirmados en la fe
tal como se les enseñó, rebosan-
do de gratitud."

Colosenses 2:6-7

LA RESPONSABILIDAD

La responsabilidad está relacionada con
nuestros deberes, obligaciones y compromisos
hacia los demás.

"Todo lo que hagan, háganlo de
corazón, como para el Señor y no
para los hombres."

Colosenses 3:23

Tenemos responsabilidades en nuestra casa,
familia, trabajo y comunidad.

"No nos cansemos de hacer el
bien, porque a su debido tiempo
cosecharemos si no nos damos
por vencidos."

Gálatas 6:9

El amor es similar a imitar a Jesús, quien encar-
na el amor en su máxima expresión. Él se en-

tregó por completo y nos mostró el camino hacia Dios y la vida eterna. Jesucristo siempre nos ama y nos recibe como Sus amados hijos. Amar es estar dispuesto a dar la vida por los demás. El amor de un padre hacia sus hijos debe ser incondicional, puro y noble.

La Biblia nos dice en **1 Corintios 13:4-7**

> "El amor es paciente, es bondadoso. El amor no es envidioso ni jactancioso ni orgulloso. No se comporta con rudeza, no es egoísta, no se enoja fácilmente, no guarda rencor. El amor no se deleita en la maldad, sino que se regocija con la verdad. Todo lo disculpa, todo lo cree, todo lo espera, todo lo soporta."

Todos estos valores están fundamentados en el amor de Dios. Por lo tanto, todo lo que hacemos debe reflejar el amor, y debemos enseñar a nuestros hijos sobre este amor.

La Biblia también nos insta en:

> **Colosenses 3:14** a vestirnos de amor, que es el vínculo perfecto entre nosotros y con Dios.

Es importante que nosotros, como padres, vivamos este amor de manera sincera, sin hipocresía ni falsedad.

1 Juan 4:16, se nos dice que: "Dios es amor, y aquellos que permanecen en el amor, permanecen en Dios."

Así que, el amor es un valor fundamental que recibimos de Dios, y la calidad del amor que ofrecemos depende de nuestra relación con Él.

Romanos 12:10 nos exhorta a amarnos unos a otros con amor fraternal y a preferirnos mutuamente en honor.

La paciencia es una virtud que nos ayuda a aprender a esperar a los demás y a confiar en Dios.

En **Efesios 4:2**, la Biblia nos dice: "con toda humildad y mansedumbre, soportándoos con paciencia los unos a los otros en amor."

El amor nos capacita para ser personas resilientes y tolerantes ante las incomodidades y dificultades cotidianas.

El libro de **Proverbios 16:32** nos enseña: "Mejor es el que tarda en airarse que el fuerte; y el que se enseñorea de su espíritu, que el que toma una ciudad."

EL PERDÓN

Es un valor poderoso que nos empodera como seres humanos y nos permite demostrar amor y compasión.

Proverbios 17:9 nos dice: "El que cubre la falta busca amistad; más el que la divulga, aparta al amigo."

Perdonar nos brinda la capacidad de ayudar a los demás, incluso cuando han actuado mal hacia nosotros. Debemos perdonar y dejar de lado la venganza o el castigo hacia aquellos que nos han tratado injustamente en algún momento.

Efesios 4:32 nos insta: "Antes sed benignos unos con otros, misericordiosos, perdonándoos unos a otros, como Dios también os perdonó a vosotros en Cristo."

El perdón es especialmente importante en las relaciones familiares, donde las diferencias y errores pueden surgir en nuestra convivencia diaria. Por lo tanto, es esencial que seamos humildes y estemos dispuestos a pedir perdón cada vez que sea necesario.

Mateo 6:14 nos recuerda: "Porque si perdonáis a los hombres sus ofensas, os perdonará también a vosotros vuestro Padre Celestial."

A medida que hacemos del perdón un valor invaluable, creamos una cultura de humildad y paz en nuestros hogares, y mantenemos nuestra relación con nuestro Señor.

LA GRATITUD

Es la acción de dar gracias y ser agradecido. Es una recompensa para aquellos que han dado lo mejor de sí mismos. Debemos agradecer a Dios y a las personas que nos han amado y servido en diversas circunstancias.

2 Corintios 9:11 nos enseña: "Para que estéis enriquecidos en todo para toda liberalidad, la cual produce por medio de nosotros acción de gracias a Dios."

Por lo tanto, es de suma importancia que vivamos con un espíritu agradecido. En varias de sus cartas, el apóstol Pablo enfatiza la importancia de abundar en gratitud.

Colosenses 2:7 nos dice: "Arraigados y sobreedificados en él, confirmados en la fe y rebosantes de acciones de gracias, que es como fueron enseñados."

LA RESPONSABILIDAD

Es un principio que está estrechamente relacionado con el deber, la obligación y los compromisos que hemos adquirido con otras personas. Todo el trabajo que realizamos en nuestra casa y familia debe ser hecho con excelencia, como si lo estuviéramos haciendo para el Señor.

Nuestra principal responsabilidad es con nuestro Padre Celestial, pero también tenemos responsabilidades en nuestra familia nuclear, que incluye a nuestra pareja y nuestros hijos. En algunos casos, también tenemos la responsabilidad de cuidar de nuestros padres en su vejez.

Además de nuestras responsabilidades familiares, también tenemos compromisos en nuestro trabajo, en nuestras actividades cotidianas en la comunidad y en el servicio a la iglesia de Jesucristo, junto con los pastores y líderes.

Es importante destacar que la responsabilidad comienza con nosotros mismos. Debemos ser conscientes de cuidarnos en aspectos espirituales, físicos y emocionales, respetándonos y amándonos a nosotros mismos, al igual que a nuestros semejantes.

Colosenses 3:23 nos exhorta: "Y todo lo que hagáis, hacedlo de corazón, como para el Señor, y no para los hombres."

LA HUMILDAD

Es una hermosa cualidad que debemos imitar de Jesús. Ser humilde significa reconocer que no sabemos todo. Una persona humilde comprende que juntos podemos lograr más. Además, está dispuesta a admitir sus errores y a disculparse cuando es necesario. Saber que no somos perfectos y que es posible cometer errores es un signo de sabiduría. También es importante saber perdonar y pedir perdón en caso de equivocaciones. La soberbia no nos beneficia en absoluto; es mejor ser verdaderamente humildes.

Colosenses 3:12 nos aconseja: "Vestíos, pues, como escogidos de Dios, santos y amados, de entrañable misericordia, de benignidad, de humildad, de mansedumbre, de paciencia."

2 Crónicas 7:14 nos dice: "Si mi pueblo, que lleva mi nombre, se humilla y ora, y me busca y abandona su malos caminos, yo lo escucharé y desde los cielos, perdonaré su pecado y restauraré su tierra."

Increíblemente, Dios nos promete restaurar y sanar nuestra tierra. Al venir ante Su divina presencia con un corazón humilde y arrepentido de todo pecado.

> "Siempre humildes y amables, pacientes, tolerantes unos con otros en amor."
>
> **Efesios 4:2**

> "Con el orgullo viene el oprobio; con la humildad, la sabiduría."
>
> **Proverbios 11:2**

> "El activo será humillado, pero el humilde será enaltecido."
>
> **Proverbios 29:23**

Hay grandes recompensas y muchísimas promesas para los humildes de corazón, y a los que realmente les temen al Señor. A estas se podrían añadir las riquezas, la honra y larga vida.

LA BONDAD

Es el arte de realizar acciones buenas. Una persona que posee este don siempre tiene el deseo de hacer el bien, ayudar, dar y ser amable. Debemos practicar el acto de hacer el bien a otros.

> **Proverbios 3:27** nos dice: "No te niegues a hacer el bien a quien es debido, cuando tengas el poder para hacerlo."

Es importante ayudar a quienes lo necesitan. Por ejemplo, si vemos a alguien perdido en una estación de tren, podríamos acercarnos y ofrecerle nuestra ayuda. También es esencial dar este ejemplo a nuestros hijos para que sean testigos vivos de cómo ayudar y dar a los demás. Podemos participar en un ministerio que distribuye abrigos y comidas a personas sin hogar y llevar a nuestros hijos para que también participen en esta labor.

> **Gálatas 6:10** nos insta a hacer el bien a todos, especialmente a los miembros de la familia de la fe, siempre que tengamos la oportunidad.

LA SINCERIDAD

Es vivir siendo auténtico consigo mismo. Es una cualidad de pureza que implica no tener dos caras ni máscaras, y no practicar la hipocresía. Ser sincero significa ser una persona real, sin pretender ser algo que no somos. Implica vivir sin intenciones ocultas, comunicándonos con honestidad en nuestras palabras y acciones.

2 Corintios 8:8 nos dice: "No digo esto como un mandamiento, sino para probar, por la solicitud de otros, también la sinceridad de vuestro amor."

1 Juan 3:18 " Hijos, no amemos de palabra ni de lengua, sino de hecho y en verdad."

"Pues no somos como muchos, que comercian con la palabra de Dios, sino que con sinceridad, como de parte de Dios y delante de Dios hablamos en Cristo."
2 Corintios 2:3

LA COMPASIÓN Y LA EMPATÍA

La compasión y la empatía son cualidades que implican sentir empatía y comprensión hacia los demás. La compasión es sentir un profundo deseo de ayudar a quienes están necesitados, mientras que la empatía implica ponerse en el lugar de otra persona y comprender sus sentimientos y necesidades. Estas cualidades son fundamentales en la vida de Jesús y deben ser parte de nuestra vida también.

Marcos 8:2 nos muestra el ejemplo de Jesús teniendo compasión por la multitud que tenía hambre.

Mateo 9:36 dice: "Y al ver las multitudes, tuvo compasión de ellas, porque estaban desamparadas y dispersas como ovejas que no tienen pastor."

LA SOLIDARIDAD

Se puede definir como una expresión de amor. Una persona solidaria demuestra su compasión a través de acciones concretas. Está dispuesta a ayudar a los demás en cualquier circunstancia, sin importar la hora o el lugar. La solidaridad es una manifestación de misericordia y amor hacia los demás.

Colosenses 3:12 nos anima a: "Vestirnos con la entrañable misericordia, la benignidad, la humildad, la mansedumbre y la paciencia, mostrando así una actitud solidaria hacia nuestros semejantes."

Una persona solidaria es sensible al dolor y al sufrimiento de los demás. Está dispuesta a obedecer el impulso de servir y ayudar, ya sea a un desconocido, a un desamparado o a aquellos que están sufriendo debido a situaciones de guerra, tragedias o catástrofes.

> **Romanos 12:13** nos insta a compartir para las necesidades de los santos y a practicar la hospitalidad, lo que significa ayudar y ser amables con los demás.

Cultivar y poner en práctica estos valores nos convierte en seres humanos más valiosos como hijos del Dios Altísimo. Un ejemplo de solidaridad se presenta en la historia de una señora desamparada en las calles de Manhattan, Nueva York. Al ver su mal estado ore por ella y, siguiendo la guía de Dios, comencé a llevarle comida todos los días. A pesar de mis esfuerzos, la señora sufrió un triste incidente en las frías calles de la ciudad.

Esta historia nos invita a reflexionar sobre cómo fortalecer estos valores en nosotros y en nuestros hijos. Si no los tenemos, podemos pedir a Dios que nos los conceda, ya que Él da abundantemente y más allá de lo que podamos imaginar. Ser verdaderamente hijos de Dios implica manifestar Su gloria en todas partes y colaborar con Él para desarrollar estos valores en nosotros y en nuestras familias. Recordemos que la fe sin obras está incompleta.

Proverbios 23:24 nos dice que un padre se alegra mucho por tener un hijo justo, y el que engendra a un sabio se regocija en él.

Al ser la justicia de Dios aquí en la tierra, contribuiremos a hacer un mundo mejor.

| TEMA DOS |

PREGUNTAS
Y REFLEXIONES

1.- ¿Qué son los valores humanos?

_____

_____

2.- ¿Cómo hacemos manifiestos estos valores?

_____

_____

3.- ¿Es uno de los aspectos para convivir de manera _____ con las personas?

4.- ¿Son los

valores vitales para lograr mejor? _____

5.- Nombra diez valores antes mencionados.

1._____

2. _____

3. _____

4. _____

5. _____

6. _____

7. _____

8. _____

9. _____

10. _____

6.- ¿Cómo podemos potencializar los valores?

_____

_____

7.- Según **Romanos 12:9**

¿Cuál es el significado del amor?

_____

_____

8.- Según **Proverbios 16:32**

¿Qué es la paciencia?

_____

_____

9.- ¿Qué nos enseña **Proverbios 17:9**?

| TEMA DOS |

10.- ¿Qué aprendemos de la humildad según **Colosenses 3:12**?

RESPUESTAS
DE LAS PREGUNTAS REPASO

1.- Son cualidades y actitudes buenas, que califican a una persona.

2.- Se manifiestan en la forma de actuar y decidir en nuestra vida.

3.- Justa.

4.- La convivencia.

5.- Estos valores son:

el amor

el respeto

el servicio

el perdón

la gratitud

la fidelidad

la paciencia

la sinceridad

la honradez

la humildad

6.- Es hacerlo resaltar, incrementar, y aumentar. Además, practicarlo con frecuencia, hacerlo visible y sobre todo transferirlos a nuestras generaciones.

7.- El amor sea sin fingimiento, aborrecer lo malo y seguir lo bueno.

8.- Es mucho mejor el que tarda en airarse que el fuerte, y el que se enseñorea de su espíritu, que el que toma una ciudad.

9.- El que cubre la falta busca amistad; más el que la divulga, aparta el amigo.

10.- Todo lo que hacemos, hacerlo de corazón, como para el Señor, y no para los hombres.

3

La PATERNIDAD NATURAL

La paternidad natural es una relación biológica, sentimental y emocional sumamente importante entre padres e hijos. Se refiere a la función que desempeñan los padres en la crianza de sus hijos. Estudios psicológicos han demostrado que tanto los padres casados como los padres solteros muestran amor fraternal y puro hacia sus hijos, proporcionándoles apoyo moral. Estos padres están fomentando la autoestima y la confianza en sus hijos, ayudándoles a desarrollar un carácter estable y seguridad en sus decisiones, lo que contribuye a un sentido de bienestar y seguridad a lo largo de su desarrollo.

"Instruye al niño en su camino, y aun cuando sea viejo no se apartará de él."

Proverbios 22:6

El sabio Salomón enfatiza la importancia de la instrucción basada en la Palabra de Dios. Es fundamental enseñar a nuestros hijos buenas costumbres desde una edad temprana. Es esencial educar a nuestros hijos con principios de fe y justicia basados en nuestro Señor Jesús. De esta manera, podremos criar una generación justa que crecerá en el temor de Dios, a pesar de las circunstancias actuales que puedan parecer adversas. Confiemos en un futuro mejor al construir la base de la educación de nuestros hijos en el temor de Dios y sus principios.

Una paternidad responsable y amorosa dará resultados significativos basados en las promesas del Padre Celestial. Como padres de tres hijos y una hermosa nieta, siempre hemos tomado nuestro papel muy en serio. Hemos procurado educarlos y transmitirles los valores más importantes. También hemos aprendido valiosos valores de nuestros abuelos y padres. Como personas creyentes, hemos enseñado la Palabra de Dios en casa y practicado valores morales y espirituales.

A pesar de que nuestros hijos han crecido en una sociedad donde a menudo escasean estos valores, todos ellos llevan en sus corazones valores preciosos como el amor, la compasión, la honestidad y el amor al prójimo. Mantenemos la unidad familiar y agradecemos a Dios cada día por su misericordia con nosotros.

LA INTEGRIDAD Y LA MORALIDAD

En la crianza de nuestros hijos, los padres debemos tener una comprensión clara de lo que implica la integridad y la moralidad. Estos valores se reflejan en nuestra vida diaria a través de la coherencia entre nuestras acciones y palabras.

Es importante tener en cuenta que vivimos en una sociedad en decadencia, donde se han perdido muchas buenas costumbres, valores y modales. Podríamos decir que enfrentamos una profunda crisis moral que afecta a todos los estratos sociales y niveles educativos. Se han introducido valores que solo benefician a una minoría de la sociedad, sin respetar los principios de la Biblia, que es nuestra principal fuente de conocimiento y guía, creada por aquel que nos ama con amor eterno.

LA INTEGRIDAD

La palabra **"integridad"** proviene del latín "integritas", que significa totalidad, virginidad, y estar en un buen estado físico y robusto. También se deriva del adjetivo "integer", que significa algo intacto, no alcanzado por el mal, alguien íntegro, completo y orgánico.

Como mi querido maestro de Antiguo Testamento, el pastor Pagan, solía decir: "Sean personas de una sola pieza, porque donde pones la mejilla derecha, también pones la izquierda". Para él, la mejor descripción de una persona íntegra era ser leal y mantener la integridad.

> "Jehová juzgará a los pueblos; júzgame, oh Jehová, conforme a mi justicia y a mi integridad."
> **Salmos 7:8**

El salmista estaba desafiando valientemente a Dios al decir: "Júzgame, oh Jehová, conforme a mi justicia y a mi integridad", es decir, según mis acciones y comportamiento. La integridad es un estado de pureza original, sin contaminación por el mal o lo impuro. Implica dominio propio, autocontrol de emociones y sentimientos, prudencia, responsabilidad, sinceridad, pulcritud y acciones correctas e intachables.

> "En cuanto a mí, en mi integridad me has sustentado, y me has hecho estar delante de ti para siempre."
> **Salmos 41:12**

Más aún, este era un gran valor para el Salmista David, algo que él reconocía como el Padre lo sostenía y guiaba en Su presencia.

> "La integridad de los rectos los encaminará; pero la perversidad de los pecadores los destruirá."
>
> **Proverbios 11:3**

Dios guía a quienes actúan con rectitud y les capacita para mantenerse en ese camino. Por otro lado, aquellos que persisten en la desobediencia serán destruidos por sus propios pecados. La integridad se forma cuando permitimos que el Espíritu Santo exponga nuestros pecados a la luz, revelándonos nuestras iniquidades para que las enfrentemos ante el Padre Celestial y seamos liberados de las herencias espirituales transmitidas a lo largo de generaciones. La integridad nos permite disfrutar de una vida llena de logros, victorias y paz abundante, donde prevalece el bien y la misericordia del Señor nos acompaña día a día.

> "Mejor es el pobre que camina en integridad que el de labios perversos y fatuo."
>
> **Proverbios 19:1**

Un hombre pobre cuya vida es recta es mucho más valioso que alguien que habla necedades.

AUTORIDAD MORAL

La autoridad moral es esencial en la crianza de los hijos. ¿Cómo podemos definir la palabra "moralidad"? La moralidad comprende un conjunto de acciones y reacciones que permiten a las personas comportarse adecuadamente en una sociedad determinada. También implica múltiples costumbres y normas consideradas buenas y convenientes para la práctica. Introducir cambios radicales en una comunidad podría provocar su rechazo y llevar a la desintegración de esa sociedad.

Ahora, examinemos lo que nos dicen las Escrituras acerca de la autoridad moral.

> "Todos deben someterse a las autoridades gubernamentales, porque no hay autoridad que Dios no haya dispuesto, y las que existen han sido establecidas por Dios. Así que, el que se opone a la autoridad, se rebela contra el orden establecido por Dios; y los que así actúan recibirán condenación."
>
> **Romanos 13:1-2**

La autoridad es la facultad de ejercer un poder dado por Dios, que puede utilizarse para dirigir y gobernar. También implica la capacidad de tomar decisiones. Toda autoridad está habilitada y designada con el derecho de dar órdenes y tomar medidas.

Este derecho es un poder conferido por una autoridad superior y debe ser ejercido con sabiduría y equidad. Aquellos en posiciones de autoridad tienen un gran compromiso moral y una mayor responsabilidad. Deben rendir cuentas a Dios y a sus superiores.

> "De manera que cada uno de nosotros dará cuenta a Dios de sí mismo."
>
> **Romanos 14:12**

Las personas en posiciones de autoridad nunca deben abusar de su poder ni manipular ni coaccionar a otros, ni cometer injusticias ni chantajear a sus subordinados. Deben actuar con respeto y sensatez, sin sobrepasar sus derechos, reconociendo que hay una autoridad superior a la que deben someterse.

Esta es la cualidad de un padre que decide vivir de acuerdo con los estatutos y los preceptos de la Palabra de Dios y los principios que rigen su vida.

> "Al contrario, hemos renunciado a todo lo oculto y vergonzoso, no andamos con astucia ni tergiversamos la palabra de Dios; antes

bien, mediante la manifestación de la verdad nos recomendamos a la conciencia de todos delante de Dios."

2 Corintios 4-2

Un padre o una madre que vive con integridad al criar a sus hijos les enseña valores que se convierten en un legado invaluable. Transmiten una buena conciencia humana a su descendencia, lo cual es una herencia que no se puede comprar en el mercado ni adquirir en las más prestigiosas escuelas o universidades. Es esencial construir un legado en nuestra familia y en la sociedad, para criar hijos con valores morales y temor a Dios.

"¿Qué padre de entre ustedes, si su hijo le pide pan, le dará una piedra? ¿O si le pide pescado, en lugar de pescado, le dará una serpiente?"

Lucas 11:11

Nosotros, como buenos padres naturales, siempre estaremos dispuestos a dar lo mejor de nuestras vidas a todas las generaciones, tanto las del presente como las del futuro. Siempre que podamos, proporcionaremos a nuestros hijos todo lo que necesiten. No escatimaremos esfuerzos ni recursos para cuidar de ellos. Como padres guiados por el Espíritu Santo, practicamos la fe en nuestro Señor Jesucristo y promovemos la justicia de Dios en nuestra descendencia, incluyendo a nuestros hijos y nietos.

Actuamos con equidad, sin hacer excepciones ni discriminaciones, tratando siempre a nuestros hijos de manera igual y justa. Comprendiendo la paternidad natural, también entendemos la importancia de la paternidad espiritual y lo que implica ser un padre espiritual.

PREGUNTAS
Y REFLEXIONES

| TEMA TRES |

1.- ¿En qué consiste la paternidad natural?

2.- ¿Cuáles son los factores que los padres deben promover en sus hijos?

_____

_____

_____

3.- ¿Quién lo dijo y en cuál cita bíblica de los Proverbios está?

_____

_____

_____

"Instruye al niño en su camino, y aun cuando fuere viejo no se apartará de él."

4.- ¿Cuáles son los fundamentos más importantes en la crianza de los hijos?

_____ y el _____ a Dios.

5.- ¿Cuáles factores como padres debemos de tener muy en claro, en la formación de nuestros hijos? Mencionar dos importantes:

La _____

y la _____

6.- ¿Qué entiende por moralidad?

_____

_____

7.- ¿Qué nos dice el **Salmos 7:8**?

_____

_____

8.- ¿Cuál sería la autoridad que los padres deberían tener en la crianza de sus hijos?

La _____

_____

9.- ¿Podría definir qué es la autoridad moral y la autoridad espiritual?

_____

_____

_____

10.- ¿Cuál sería el mejor legado que los padres le dejarían a sus hijos?

_____

_____

RESPUESTAS
DE LAS PREGUNTAS REPASO

| TEMA TRES |

1.- Es la función más hermosa que desempeñan los padres en la crianza de sus hijos.

2.- La autoestima y la seguridad.

3.- El sabio Salomón y está en **Proverbios 22:6**

4.- Serían: la fe, la justicia, y el temor a Dios.

5.- La moralidad, y la integridad.

6.- Entiendo que moralidad es un conjunto de costumbres y modales que dirigen el comportamiento de las personas en una sociedad.

7.- El Salmos 7:8

Jehová juzgará a los pueblos; júzgame, oh Jehová, conforme a mi justicia, y conforma a mi integridad…"

8.- La autoridad moral es la que cada padre

debe tener en la crianza de sus hijos, siendo consecuente con las decisiones que toma, con lo que dice y lo que hace.

9.- Es la facultad de ejercer un poder dado por Dios.

a) Es una habilidad de tomar decisiones.

b) Es un derecho de mandar y ordenarle a alguien, bajo nuestra autoridad.

10.- El mejor legado sería:

a).-Amar a Dios, sobre todas las cosas, y amar al prójimo, como así mismo.

b).- Ser íntegro, orgánico, y auténtico.

EL
PADRE
ESPIRITUAL

Jesús, al hablar con sus discípulos y las multitudes, les advirtió acerca de los escribas y fariseos. Les instó a tener cuidado con ellos, ya que predicaban la Palabra de Dios pero no la practicaban. Mateo, en su Evangelio, y el Apóstol Pablo en sus cartas a diversas comunidades, nos ilustran el uso y abuso de la llamada "paternidad espiritual". Conociendo esta situación, Jesús quiso hacer una aclaración importante y nos dio un mandato claro.

"No llaméis padre vuestro a nadie en la tierra, porque uno es vuestro Padre, el que está en los cielos."
Mateo 23:9

Esto se debía al mal uso del término **"padre"**, la falta de integridad y la corrupción espiritual de aquellos de los que Jesús hablaba. Hoy en día, también existen personas con conductas similares y testimonios poco edificantes. Jesús nos advierte que debemos evitar llamar a alguien "padre" o "madre" en un sentido espiritual si no son ejemplos auténticos y practicantes de la Palabra de Dios.

En la actualidad, la llamada **"paternidad espiritual"** se ha vuelto controvertida debido a las malas influencias y la falta de ejemplaridad en algunos líderes religiosos. Por lo tanto, es esencial entender quién es el único y verdadero Padre Espiritual.

Sabemos que existen muchas personas egocéntricas, como nos advierte la Escritura:

"Habrá hombres amadores de sí mismos, avaros, vanagloriosos, soberbios, blasfemos, desobedientes a los padres, ingratos, impíos, sin afecto natural, implacables, calumniadores, intemperantes, crueles, aborrecedores de lo bueno, traidores, impetuosos, infatuados, implacables, amadores de los placeres más que de Dios, que tendrán apariencia de piedad, pero negarán la eficiencia de ella; a éstos evita."

2 Timoteo 3:2-5

Siguiendo las advertencias de Jesús y el consejo de Pablo, debemos tener cuidado con tales personas. Sin embargo, también existen hombres y mujeres íntegros que son verdaderos siervos de Dios, con poderosos testimonios de vida como seguidores de Jesucristo. Estas personas han dedicado sus vidas a llevar el Evangelio de la paz a las naciones y son fieles testigos de Jesucristo. Son buenos apóstoles, pastores, maestros, evangelistas y profetas que comparten la verdad de la Palabra de Dios y la practican de manera admirable. Estos son muy diferentes de los escribas y fariseos, tal como Jesús los describió.

PREGUNTAS
Y REPASO

| TEMA CUATRO |

1.- Según **Mateo 23:9**

¿Es cierto que Jesús dijo: "No llaméis padre vuestro a nadie aquí en la tierra"?_____.

2.- ¿Qué les estaba faltando a los hombres que Jesús les habló anteriormente?

_____

_____

3.- ¿A quién debemos solamente llamarle padre?

_____

_____

4.- Según **Juan 1:13** "No somos engendrados de voluntad de sangre, ni de voluntad de carne, ni de voluntad de varón, sino de

_____

5.- ¿Quién es la persona divina, que nos creó y nos formó?_____

6.- Es Dios quien nos _____ como sus hijos, a través del Espíritu _____?

7.- Según **Efesios 1:13** "Habiendo creído en él, fueron sellados por el_____

_____

_____

8.- Según **Santiago 1:18**

¿Somos nosotros primicias de sus criaturas?

_____

9.- ¿Ser engendrado por el Espíritu Santo, se refiere a la _____ y _____ de una vida en Cristo?

10.- ¿Ser una persona completamente transformada es la que asume una nueva forma de vivir en justicia

_____

RESPUESTAS
DE LAS PREGUNTAS REPASO

| TEMA CUATRO |

1.- Porque uno es vuestro Padre, el que está en los cielos..

2.- Les faltaba practicar la Palabra de Dios.

3.- Al Padre Celestial, a Jesús. Porque uno solo son.

4.- Según **Juan 1:13,** es por Dios.

5.- El Padre Celestial.

6.- Nos engendró a través del Espíritu Santo..

7.- El Espíritu Santo.

8.- Si

9.- Por la renovación y la regeneración.

10.- Si

Tenemos un
ÚNICO Y UN SOLO
PADRE
ESPIRITUAL

A Dios, Jehová de los ejércitos, y a Jesucristo, nuestro amado Señor de señores y Rey de reyes, es a quienes debemos llamar Padre, Abba, papá, papito lindo o daddy, como cariñosamente nos referimos a nuestro real Padre Celestial, nuestro creador. Jesús es nuestro Padre espiritual, y el Padre es quien nos engendra.

"A los que creyeron en su nombre, les dio el derecho de ser hijos de Dios. No nacieron de sangre, ni de la voluntad de la carne ni de la voluntad de un hombre, sino que nacieron de Dios. El Verbo se hizo carne y habitó entre nosotros. Y hemos contemplado su gloria, la gloria que corresponde al Hijo unigénito del Padre, lleno de gracia y de verdad."

Juan 1:12-14

El Padre Celestial es la divina persona espiritual que nos creó, nos diseñó y nos formó en el vientre de nuestras madres.

Ahora bien, permíteme explicarte cómo, además de ser nuestro Creador, Dios nos engendró como sus hijos espirituales a través del Espíritu Santo. Esto sucedió cuando decidiste recibir a Jesús en tu corazón como tu Salvador, confesando tus pecados y aceptándolo como el único Señor y Dios de tu vida. Como resultado de esta sincera declaración, fuiste sellado por el Espíritu Santo, quien nos adopta como suyos.

"En él, cuando creísteis, fuisteis sellados con el Espíritu Santo que había sido prometido."

Efesios 1:13

En ese momento, el Espíritu Santo nos separa de las demás criaturas y nos convierte en un pueblo santo y escogido, un real sacerdocio y una nación santa, adquiridos en Cristo Jesús a un alto precio en la cruz del Calvario.

> "Así que, ustedes, creyentes, son hijos de Dios, no nacieron de sangre, ni de la voluntad de la carne ni de la voluntad de un hombre, sino que nacieron de Dios."
>
> **Juan 1:13**

En este proceso de engendramiento, no participó la voluntad de ningún ser humano, sino que fue exclusivamente la perfecta y única voluntad de nuestro Padre Celestial.

Por lo tanto, queda confirmado que somos hijos de Dios únicamente debido a su voluntad. Dejando claro que nadie debe atribuirse la paternidad espiritual sobre los hijos legítimos de Dios, nuestro Padre Espiritual.

Es importante destacar que ningún ser humano tiene el derecho ni la autoridad para autodenominarse padre o madre espiritual de otra persona. La paternidad espiritual recae únicamente en el Todopoderoso Espíritu Santo, que actúa en completa unidad con el Padre y su Hijo Jesucristo, y es Él quien nos engendra como hijos de Dios.

Siendo evangelistas, pastores, maestros, profetas o apóstoles, somos simplemente siervos que Dios, en su infinita voluntad, Él nos ha elegido para utilizarnos como instrumentos para predicar y enseñar el Evangelio de la salvación. Sin embargo, esto no nos otorga el derecho de reclamar el título de padres o madres espirituales de aquellos que han entregado sus vidas al Señor Jesucristo.

Es el Espíritu Santo es quien convence al ser humano de su pecado, quien lo llena de su poder y revela el amor del Padre. Además, Él nos otorga los dones y capacidades necesarios para servir como creyentes. Debemos recordar que el crecimiento y la madurez espiritual son obra de Dios. No de ningún ser humano. Aunque si colaboramos con Dios, al hacer discípulos.

> "Dios mismo constituyó a unos como apóstoles, a otros como profetas, a otros como evangelistas, a otros como pastores y maestros."
>
> **Efesios 4:11**

> "Por su propia voluntad, nos hizo nacer mediante la palabra de verdad, para que fuéramos como los primeros frutos de todas sus criaturas."
>
> **Santiago 1:18**

La palabra **"engendrar"** se refiere a la creación de una vida. Ser engendrados por el Espíritu Santo significa ser renovados y regenerados en Cristo Jesús, convertirse en una nueva criatura y nacer del agua y del Espíritu.

La renovación implica una transformación completa en la forma de vivir, adoptando vivir una vida justa y una comunión efectiva con el Señor. La persona renovada comienza a practicar las virtudes de aquel que la rescató de las tinieblas al mundo de su admirable luz.

> "No os conforméis a este mundo, sino transformaos por la renovación de vuestra mente, para que comprobéis cuál sea la buena voluntad de Dios, agradable y perfecta."
>
> **Romanos 12:2**

La regeneración es una transformación, un cambio radical en la forma de vivir, donde Jesús toma el control de nuestra existencia. Este cambio comienza cuando Jesús se convierte en lo más importante de nuestra vida. La restauración se produce a través del Espíritu Santo, y al encontrarnos genuinamente con Jesús, somos transformados a su imagen, buscando agradarle en todo y vivir en santidad.

Como creyentes, debemos renovarnos y transformarnos en nuestra forma de pensar para resistir la influencia del anticristo y el sistema babilónico que se infiltran en la iglesia. Debemos manifestar el poder de la resurrección y ganar a esta generación y las futuras para el Señor.

> "Un solo Dios y Padre de todos, que está sobre todos, por todos y en todos."
>
> **Efesios 4:6**

No hay más que un solo Dios y Padre de todos, creador de todas las cosas, según el Apóstol Pablo.

> "Sin embargo, para nosotros hay un solo Dios, el Padre, de quien proceden todas las cosas, y nosotros somos para él."
>
> **1 Corintios 8:6**

Hubo un problema con la identidad de un solo Padre y un solo Dios. Esto nos revela que el Padre y Jesucristo son uno, y todos los hijos de Dios existen en esa unidad. Jesús también es nuestro Padre si lo aceptamos como nuestro Señor y lo consideramos nuestro Padre Celestial, porque Jesús y el Padre son uno, al igual que el Espíritu Santo. Hay una verdadera unidad en ellos.

> "Ahora, Jehová, tú eres nuestro Padre, nosotros somos el barro, y tú el que nos formaste; así que

todos nosotros somos obra de tus
manos."
                        Isaías 64:8

Esto confirma que somos Su creación y diseño.
Somos como barro moldeado por Él según Su
perfecto plan y voluntad.

> "Así como el padre se compadece
> de sus hijos, Jehová se compadece
> de los que le temen."
>   **Salmos 103:13**

El Señor muestra compasión, que es un sinónimo de amor y misericordia, hacia aquellos que
le temen, le obedecen y guardan Sus mandamientos. Si amamos al Señor, debemos demostrar nuestro amor a través de una obediencia total.

> "Bendito sea el Dios y Padre de
> nuestro Señor Jesucristo, Padre
> de misericordias y Dios de toda
> consolación."
>   **2 Corintios 1:3**

Nuestro Padre también es el Padre de los huérfanos, aquellos que nunca han tenido un padre
terrenal. Si este es tu caso, Jesús está disponible
para ti y desea adoptarte como Su amado hijo.

Además, nuestro Padre Celestial es el defensor de las viudas. Él conoce la desolación y el desamparo que sienten las mujeres cuando sus esposos parten a la eternidad o las abandonan. Él es su Padre, esposo y defensor, quien las protege, suple todas sus necesidades y llena sus corazones con Su hermoso amor.

"Padre de huérfanos y defensor de las viudas, Dios está en su santa morada."

Salmos 68:5

DIOS CUIDA DE TODA SU CREACIÓN.

"Mirad las aves del cielo, que no siembran, ni siegan, ni recogen en graneros; y vuestro Padre Celestial las alimenta. ¿No sois vosotros de mucho más valor que ellas?"

Mateo 6:26

Dios, nuestro Papá, se preocupa por mí y también se preocupa por ti.

"Vosotros, pues, no os preocupéis por lo que habéis de comer, ni por lo que habéis de beber, ni estéis en ansiosa inquietud. Porque todas estas cosas buscan las gentes del mundo; pero vuestro Padre sabe que tenéis necesidad de estas cosas; más buscad el reino de Dios, y todas estas cosas os serán añadidas."

Lucas 12:29-31

Hablando de todo el cuidado que nuestro Padre Celestial nos brinda, aquí veremos algunas promesas que Dios nos ofrece como sus amados hijos.

PREGUNTAS
PARA MEMORIZAR

| TEMA CINCO |

Responder Correctamente

1.- Según nos dice **Juan 1:13-14**

¿Somos nosotros engendrados principalmente por el Padre Celestial?_____.

2.- Fuimos engendrados por la voluntad de carne y sangre, o de varón?_____.

3.- ¿En qué momentos fuimos hechos hijos de Dios?

   a) Al reconocer que somos pecadores y nos arrepentimos?_____.

   b) Al visitar una congregación el domingo?_____

4.- ¿La Renovación y Regeneracion es hecha por el Espíritu Santo?_____.

5.- ¿Ser una persona completamente trans-formada, significa que él está obrando en mi?_____,

6.- ¿Qué parte de nosotros debemos renovar?_____.

7.- ¿Tenemos un solo y Dios?_____.

8.- ¿Somos barros en las manos del alfare-ro?_____.

9.- Según el **Salmos 68:5** ¿Es Dios el Padre de los huérfanos y marido de las viudas?_____.

10.- Según **Mateo 6:26**, ¿Somos nosotros sus hijos, más valiosos que las aves?_____.

RESPUESTAS
CORRECTAS

| TEMA CINCO |

1.- Si

2.- No

3.- a) Si, b) Si

4.- Ser una persona completamente transformada.

5.- La mente.

6.- En el instante que Jesús empieza a ser importante en su vida.

7.- Si

8.- Somos barro. Él nos da forma.

9.- Si

10.- Porque nosotros somos más valiosos que las aves.

6

LA DISCIPLINA
Y LA CORRECIÓN
de un PADRE

Sabemos que todo buen padre disciplina y corrige a sus hijos. Dios también hace lo mismo con todos nosotros.

Deuteronomio 8:5 nos dice:

> "Reconoce así mismo en tu corazón que, como castiga el hombre a sus hijos, así Jehová tu Dios te castiga."

Mira la sabiduría que debe tener un hijo:

> **Proverbios 3:11-12.** Proverbios nos dice:
> "Hijo mío, no rechaces la disciplina del Señor, ni aborrez-

cas su reprensión, porque el Señor a quien ama reprende, como un padre al hijo en quien se deleita."

Cuando éramos niños, a ninguno de nosotros nos agradaba ser corregidos ni disciplinados. Todos los padres de nuestra generación eran sumamente estrictos con nosotros. Nos corregían con una sola mirada y nada se les escapaba. Eran tenaces y muy rigurosos en sus correcciones.

Puedo decir que, en mi caso en particular, eran buenos padres, pero un poco exagerados en la manera de disciplinar. En ese tiempo, estaba establecido un orden en el hogar para cada actividad, incluso para hacer las tareas de la escuela y ayudar en el cuidado de la casa.

Otro tema era asistir a celebraciones sociales como fiestas de cumpleaños, bautizos e ir a la iglesia. Realmente teníamos que haber hecho méritos para asistir a una de estas fiestas. Había que ganarse ese privilegio. Ser un niño o una jovencita en ese tiempo no era nada fácil para mis hermanos, primos y yo.

La autoridad de nuestros padres era muy respetada, y nadie se atrevía a confrontarlos ni desobedecer sus reglas. Nadie se atrevía a contradecir a los adultos.

Hoy, recordamos con cariño y respeto a nuestros padres, agradecidos por los valores y la disciplina con la que fuimos formados. Honramos su memoria y les damos las gracias por contribuir a formar valores morales y por su sabiduría en nuestra educación.

Agradecemos a Dios por sus vidas, sus esfuerzos y su amor incondicional para criar familias fuertes y valientes.

CONCLUYENDO EL TEMA DE LA DISCIPLINA

Siempre en las Escrituras encontramos los recursos que nos enseñan cómo debemos disciplinar a nuestros hijos y nietos.

> **Hebreos 12:67** dice: "Porque el Señor al que ama disciplina, y azota a todo el que recibe por hijo. Si soportáis la disciplina, Dios os trata como a hijos; porque ¿qué hijo es aquel a quien el padre no disciplina?"

> Proverbios 29:17 no advierte que: corregir a tu hijo te dará descanso, y dará alegría a tu alma."
>
> **Efesios 6:4**

> "Y vosotros, padres, no provoquéis a irá a vuestros hijos, sino criadlos

en la disciplina e instrucción del Señor"

Proverbios 13:24 nos dice que: "El que escatima la vara odia a su hijo, más el que ama, lo disciplina con diligencia."

El Padre celestial nos revela que nos disciplina, corrige y, en ocasiones, nos azota cuando lo considera necesario. Su amor viene acompañado de múltiples bendiciones, pero también establece orden, obediencia y demandas bien definidas en la Biblia.

Todo verdadero hijo debe someterse a los principios, órdenes y estatutos del Padre, y será reprendido cuando cometa errores. Aunque a nadie le gusta ser corregido o amonestado, es parte de ser un hijo amado por Dios. Disfrutar del privilegio de formar parte de la familia real tiene su costo.

PREGUNTAS

| TEMA SEIS |

Responder Correctamente

1.- Según **Deuteronomio 8:5**

¿Es correcto castigar a sus hijos? Cómo castiga el hombre a su hijo, así Jehová tu Dios te castiga. _____.

2.- ¿Está bien que los hijos deban aceptar la disciplina de sus padres?_____.

3.- ¿Es un excelente padre, aquel que no reprende a sus hijos cuando éstos están fallando?_____.

4.- Según **Proverbios 3:11-12,** ¿Es cierto que al hijo que Dios reprende, a ese le ama?_____.

5.- De acuerdo a **Hebreos 12:6-7**, ¿Es correcto que Dios azote al que acepta como su hijo?_____.

6.- ¿Debe un padre abstenerse de corregir a sus hijos para ser calificado, un buen padre?_____.

7.- ¿El amor del Padre Celestial viene acompañado de reglas y múltiples bendiciones?_____.

8.- ¿Como hijo, hay que someterse a los principios y a la órdenes del Padre Celestial?

9.- ¿Es considerado buen hijo, el que acepta y calla los maltratos de un padre?_____.

10.- ¿Debe un hijo denunciar los abusos y maltratos de los padres?_____.

RESPUESTAS
Y REPASO

1.- Si

2.- Si

3.- No

4.- Si

5.- Si

6.- No

7.- Si

8.- Si

9.- No

10.- No

7

LA UNIDAD ENTRE EL PADRE Y EL HIJO

Es crucial destacar la unidad que existe entre el Padre y el Hijo, como lo entendió el apóstol Juan cuando nos lo transmitió de esta manera:

> "Lo que hemos visto y oído, eso os anunciamos, para que tengáis relación con nosotros; y nuestra comunión es directamente con el Padre, y con su Hijo Jesucristo."
>
> **1 Juan 1:3.**

La comunión implica una relación íntima, y esta unidad se forja en los hijos de Dios a través del Espíritu Santo.

> "¿No tenemos todos un mismo Padre? ¿No nos ha creado un mismo Dios? ¿Por qué nos comportamos deslealmente unos contra otros, profanando el pacto de nuestros padres?"
> **Malaquías 2:10**

El profeta Malaquías nos recuerda la fraternidad que debe existir entre los hijos de Dios. Así como existe una unidad perfecta entre el Padre y su Hijo Jesús, debe haber unidad entre nosotros, los hermanos en Cristo. Todos somos hijos del único Padre y Señor Jesucristo.

Jesús también nos dice: "Hay unidad entre los hermanos."

Nosotros, los hijos del Padre, debemos dar testimonio de esta unidad entre los hermanos ante el mundo. De esta manera, mostrarán que somos uno en Cristo y creerán.

> "Y este mandamiento tenemos de él: el que ama a Dios, ame también a su hermano."
> **Juan 4:21**

Amar a Dios implica amar a sus hermanos y al prójimo. No debemos despreciar a nadie, incluso si su forma de ser es diferente. Amar a nuestros hermanos es un mandato del Padre: si me amas a mí, debes amar al que está a tu lado. Debes demostrar que eres mío sin reservas ni favoritismos.

> "El que ama a su hermano permanece en la luz, y no hay causa de tropiezo en él."
> **1 Juan 2:10**

Aquí hay algo muy profundo. El poder de amar es darlo todo por amor, sin excusas, sin límites ni reservas. Así nos amó Jesús a todos.

La otra palabra clave, **"permanecer",** es sinónimo de perpetuarse, continuar, seguir, estar y quedarse. Lo opuesto sería ausentarse y rendirse.

Permanecer en la luz se refiere a persistir en Dios y seguir a Jesús, mantenerse en la Palabra, en la verdad que nos hace amar a nuestros hermanos, sin importar las diferencias o las muchas razones que puedan existir para no amar de manera incondicional.

Ahora bien, al amar, no hay causa de tropiezo en el presente ni en el futuro. Si permanecemos en la Luz, la cual nos permite ver el camino, y somos perseverantes sin rendirse ni abandonar ni ausentarse, sin importar la circunstancia. Ese perfecto amor nos hace resistir las tentaciones y distracciones para que no abandonemos el propósito y destino de Dios para nuestra vida.

> "Permanezcamos en amor fraternal."
>
> **Hebreos 13:1**

Este es un grandioso llamado a permanecer, no importando las circunstancias que se nos presenten. La orden es que permanezcamos en el amor fraternal, el amor de un hermano leal.

> "Honrad a todos, amad a los hermanos, temed a Dios, honrad al rey."
>
> **1 Pedro 2:17**

Honrar a los hermanos es servirles con todo lo que sea posible y tengamos al alcance, además de honrar a nuestro Rey y Señor, porque lo merece todo.

> "Amados, si Dios nos ha amado así, nosotros también debemos amarnos unos a otros."
>
> **1 Juan 4:11**

Debemos permanecer en unidad como hijos del mismo Padre.

> "Hasta que todos lleguemos a es-
> tar unidos por la fe y con el cono-
> cimiento del Hijo de Dios; a ser un
> hombre perfecto, a la medida de
> la estatura de la plenitud de Cris-
> to."
>
> **Efesios 4:13**

Realmente, es la unidad producida por la fe y el conocimiento de Jesús lo que nos conduce a la perfección y plenitud. Para que este nivel de unidad se produzca entre nosotros, debemos agradar al Padre en nuestros corazones.

Si lo pensamos detenidamente, cada vez resulta más difícil encontrar hermanos que tengan el mismo discernimiento y conocimiento de la plenitud de Cristo. A pesar de las muchas diferencias de conocimientos y experiencias sobrenaturales, los hermanos debemos tener un mismo corazón, sin importar los niveles ni las dimensiones que estemos experimentando de manera particular.

La Escritura está llena de palabras sobre la unión, aunque parezca sencillo, en realidad, no lo es tanto. Sin embargo, se nos repite de muchas maneras en las diferentes cartas de Pablo.

> "Finalmente, sed todos de un mis-
> mo sentir, compasivos, amándoos

fraternalmente, misericordiosos, amigables."

1 Pedro 3:8

A pesar de las muchas diferencias de conocimiento y experiencias sobrenaturales, los hermanos debemos ser un solo corazón, sin importar los niveles ni las dimensiones que estemos experimentando de manera particular.

El precioso mandamiento de Dios es amarlo de todo corazón y amarnos unos a otros, así como Él nos ama. ¡Amén!

"Y amarás al Señor tu Dios con todo tu corazón, con toda tu alma, con toda tu mente y con todas tus fuerzas. El segundo mandamiento es este: Amarás a tu prójimo como a ti mismo. No hay otro mandamiento mayor que estos."

Marcos 12:30-31

Es maravilloso entender que si amamos a Dios de esta manera, no tendremos dificultades para amar a nuestro prójimo. Entonces, no habrá ningún obstáculo que nos impida amar al prójimo, al hermano y al amigo para poder cumplir con la gran comisión de "Id por todo el mundo y predicar a Jesucristo como el gran salvador y gran amor."

"Y les dijo: Id por todo el mundo y predicad el evangelio a toda criatura."

Marcos 16:15

PREGUNTAS
Y REFLEXIONES

Responde Si o No

1.- ¿Es sumamente necesario estar en perfecta unidad entre los padres y los hijos?

2.- ¿Existe una real comunión íntima entre nuestro Padre y su Hijo Jesucristo?

3.- ¿Acaso está bien ser desleales con nuestros hermanos en la fe? _____

4.- ¿Debemos los hermanos estar unidos en un vínculo de paz y de respeto mutuo, a pesar de las diferencias de opiniones? _____

5.- ¿Es un mandato de Jesús, que haya unidad entre los hermanos? _____

6.- ¿Está en **1 Juan 4:21**, amar a Dios y no amar a nuestros hermanos? _____

7.- ¿Es verdad que el que permanece en luz, ama a su hermano? _____

8.- ¿Verdad es necesario permanecer en el amor fraternal? _____

9.- ¿Es cierto que la unidad entre los hermanos, dependerá de su posición ministeria? _____

10.- ¿Hay que ser amigable, compasivos, y misericordiosos con todos los hermanos, le agrada a Dios? _____

RESPUESTAS
Y REPASO

| TEMA SIETE |

Responde Si o No

1.- Si	6.- No
2.- Si	7.- Si
3.- No	8.- Si
4.- Si	9.- No
5.- Si	10.- Si

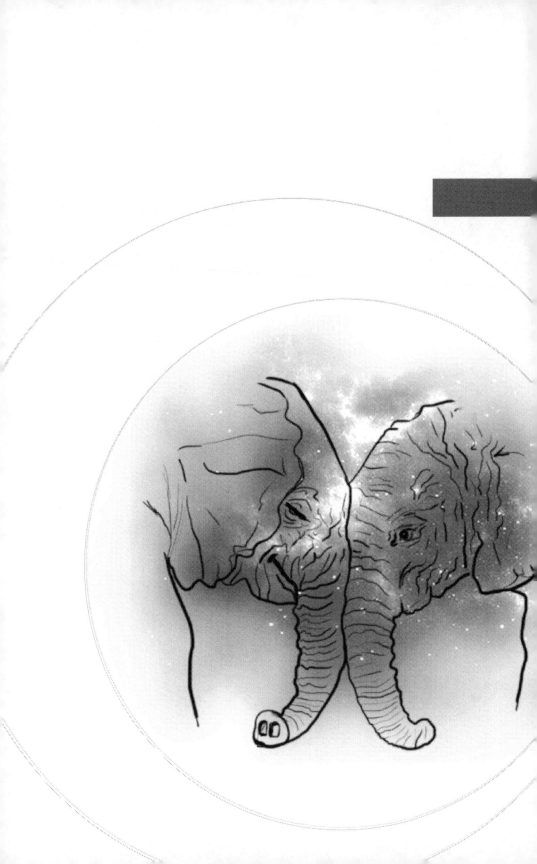

8

LA HONRA A LOS PADRES

"Honra a tu padre y a tu madre, que es el primer mandamiento con promesa; para que te vayas bien, y seas de larga vida sobre la tierra."

Efesios 6:2-3

La palabra **"honra"** viene del hebreo "**Kabod**," que significa "**gloria**." Esto quiere decir que honrar a alguien es mostrar la importancia de su presencia, especialmente la de Dios. La honra trae bendiciones poderosas y satisfactorias.

En este caso, debemos honrar tanto a nuestro Padre Celestial como a nuestros padres terrenales, mamá y papá. Honrarlos es una forma de adoración y alabanza, mostrando amor, obediencia, respeto, admiración y cuidado.

> "El hijo honra a su padre, y el siervo a su señor. Pues si yo soy padre, ¿dónde está mi honra? si yo soy tu señor, ¿dónde está mi temor? dice el Señor de los ejércitos a vosotros sacerdotes, que menospreciéis mi nombre. Pero vosotros decís: ¿En qué hemos menospreciado tu nombre?"
>
> **Malaquías 1:6**

Dios compara la honra que damos a nuestros padres con la que le damos a Él.

> "Pero si alguno no cuida de los suyos, y especialmente de los de su propia familia, ha negado la fe y es peor que un incrédulo."
>
> **Timoteo 5:8**

Estas palabras son poderosas. Si decimos que tenemos fe en Cristo, debemos cuidar y proveer para nuestra familia, incluyendo a nuestros padres o abuelos si están con nosotros o lejos.

"Cada uno de vosotros debe mostrar respeto a su padre y a su madre."

Levítico 19:3

La palabra "**reverenciar**" significa mostrar un profundo respeto y amor hacia alguien por su santidad, virtudes y méritos. Podemos reverenciar a nuestros pastores y maestros por su carácter y obras justas. También debemos reverenciar a nuestro Padre Celestial en todo momento, mostrando gratitud a través de oraciones, alabanzas y obediencia a sus mandamientos. De la misma manera, honramos a nuestros padres naturales compartiendo buenas noticias, como cuando nos graduamos con honores o somos respetados por otros debido a nuestra buena conducta.

La **retribución** significa hacer justicia a nuestros padres. Estos son valores y principios bíblicos que tienen una recompensa incalculable por parte del Señor.

"**Proverbios 3:9-10** "nos enseña a honrar a Jehová con nuestros bienes y las primicias de nuestros frutos, prometiendo abundancia en nuestras vidas."

Éxodo 20:12 "nos promete una vida prolongada en la tierra si honramos a nuestros padres."

Deuteronomio 5:16 "nos enfatiza la bendición de tener una larga vida y prosperidad en todo lo que hacemos al obedecer estos dos mandamientos y sus promesas."

Salmos 127:3 "nos recuerda que los hijos son una herencia de Jehová y deben ser valorados y honrados por sus padres."

Finalmente, "**Colosenses 3:21** "aconseja a los padres no irritar a sus hijos para evitar desanimarlos.

Aquí hay dos palabras clave: "**exasperar**" y "**desalentar**".

"Exasperar" significa hacer que alguien se enoje mucho, al punto de perder la paciencia y el control. Esto puede causar irritación o enfado. Otras palabras similares son "**enervar**," "sacar de quicio," o "sacar de sus casillas." Lo opuesto sería "**calmar**" y "tranquilizar".

Cuidado cuando un padre impone tareas excesivas o irracionales a sus hijos, ya que esto puede provocar rebeldía y desobediencia. Por lo tanto, es importante corregir con amor y ser sabios al imponer castigos o correcciones.

No olvidemos orar y buscar la dirección de nuestro Padre en la disciplina de cada hijo de manera individual. También, siempre debemos ser guiados por el Espíritu Santo y buscar Su consejo.

> **Santiago 1:5-6** "nos anima a pedir sabiduría a Dios sin dudar, ya que Él la concede generosamente. La duda nos hace inestables, como una ola arrastrada por el viento."

A veces, es beneficioso negociar con nuestros hijos para mejorar la comunicación y obtener mejores resultados. Mantener una relación amorosa y de confianza entre mamá y papá es fundamental para la armonía en el hogar.

> **Proverbios 23:22** "nos insta a escuchar el consejo de nuestro padre, quien tiene experiencia en la vida. No menospreciarlo significa valorar, apreciar y respetar sus consejos."

> **Proverbios 1:9** "nos ofrece valiosos consejos para todos nosotros, los

hijos, como un regalo de gracia de Dios."

Proverbios 20:29 "nos advierte que quien maldice a sus padres sufrirá consecuencias negativas en su vida."

Debemos bendecir a nuestros padres con palabras y demostraciones de afecto. Personalmente, solía decirle a mi madre: "Dios te bendiga, mamita querida." Esas palabras brotaban sinceramente de mi corazón, y sentía que estaba expresándole mi amor y bendición. Mi madre siempre respondía con una gran sonrisa y un sincero "Amén."

Tanto los hijos como los padres deben amarse y respetarse mutuamente. Los hijos deben apreciar y agradecer a sus padres por el cuidado, esfuerzo y sacrificio que han dedicado a su crianza. La lista de responsabilidades y privilegios entre padres e hijos es extensa, pero debemos entender que honrarlos es dar gloria a Dios en todo lo que hacemos.

Dar gloria a Dios implica cuidar y ayudar a nuestros padres naturales, manifestando respeto, amor y obediencia tanto hacia ellos como hacia Dios, Su Palabra y Sus mandamientos.

Finalmente, el sabio Salomón nos recuerda la importancia de escuchar y valorar la instrucción de nuestros padres en **Proverbios 1:8-9** "Oye, hijo mío la instrucción de tu padre, y no desprecies la dirección de tu madre; porque son una diadema de gracia para tu cabeza y un collar para tu cuello."

PREGUNTAS
Y ANALISIS

| TEMA OCHO |

1.- ¿Qué nos dice **Efesios 6:2-3** con relación a la honra?

_____

_____

_____

2.- ¿Cuál es el significado de la palabra honra?

_____

_____

_____

3.- ¿Cuál sería la actitud para honrar a Dios y a nuestro padre?

_____

_____

_____

4.- ¿Qué es lo que más nos enseña **Malaquías 1:6**?

_____

_____

_____

5.- ¿Es un verdadero padre un gran proveedor para sus hijos?

_____

_____

6.- ¿Qué es lo que específica **Levítico 19:3**?

_____

_____

_____

7.- ¿Qué significa la palabra "Reverencia"?

_____

_____

8.- ¿Cuál sería la retribución a los padres?

_____

_____

9.- ¿Qué nos está exhortando **Proverbios 23:22**?

_____

_____

10.- ¿Qué le sucederá al hijo que maldice a sus padres?

_____

_____

RESPUESTAS
Y REPASO

1.- "Honra a tu padre y a tu madre, que es el primer mandamiento con promesa; para que te vayas bien, y seas de larga vida sobre la tierra."

2.- Es una manifestación de bienestar y está poderosamente llena de muchas bendiciones.

3.- Es una actitud de alabanza y adoración a nuestro Padre Celestial; igualmente que a nuestro padres naturales, con respeto, obediencia y aprecio.

4.- Nos está mostrando que el hijo debe honrar a sus padres, y el siervo a su señor.

5.- Según Timoteo "Ha negado la fe, y es peor peor que un incrédulo"

6.- **Levítico 19:3** nos enseña que cada uno de nosotros ha de dar la reverencia a su padres y a su madre.

7.- Es sinónimo de un profundo respeto, de sentir y mostrar su gran amor.

8.- La retribución es igual que hacerle justicia a los padres, como a nuestro Dios.

9.- Proverbios 23:22 "Oye a tu padre, aquel que te engendró, y cuando tu madre envejeciere no la menosprecie."

10.- Nos dice: "Se le apagará la lámpara (luz) en plena oscuridad."

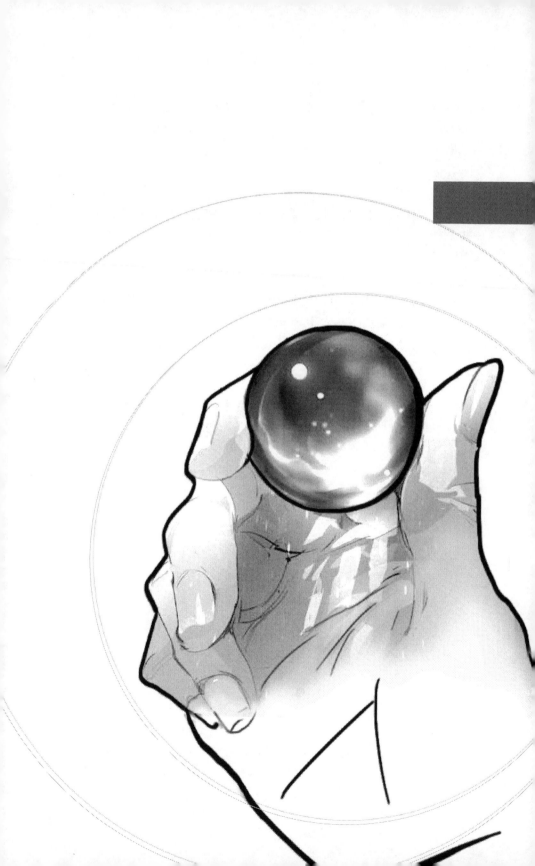

NACER
DE NUEVO

¿QUÉ SIGNIFICA "NACER DE NUEVO"?

Jesús nos dice:

> "Jesús respondió: De cierto, de cierto te digo, que el que no nace del agua y del Espíritu, no puede entrar en el reino de Dios. Lo que nace de la carne, es carne; y lo que nace del Espíritu, es espíritu."
>
> **Juan 3:5-6**

Nacer del agua significa nacer en Jesucristo, porque Jesús es quien trae el agua de la vida eterna.

Jesús se encontró con una mujer samaritana y le pidió agua para beber. Ella se sorprendió porque los judíos y los samaritanos no solían relacionarse. Pero Jesús le explicó que si ella supiera quién es Él, le pediría agua viva, una agua que sacia eternamente. La mujer mostró interés y Jesús reveló que Él es el agua de vida.

Nacer del agua de vida es beber de las fuentes de agua viva que Jesús ofrece. También significa beber de Su Palabra y obedecerla de corazón. Nacer del agua de Jesucristo implica creer en Él como el Hijo de Dios, aceptarlo en nuestro corazón y hacerlo nuestro Señor y Salvador.

Nacer del agua y del Espíritu de Dios sucede cuando el Espíritu Santo entra en nuestro espíritu y alma al recibir a Jesús en nuestro corazón. Esto ocurre en el momento en que lo amamos y lo recibimos.

Cuando nacemos de nuevo, el Padre Celestial, Jesús y el Espíritu Santo habitan en nuestro ser, influyendo en nuestras emociones, pensamientos y acciones.

Santiago 1:18 nos enseña "que Dios, por su voluntad, nos hace nacer a través de la Palabra de verdad, convirtiéndonos en las primicias de sus criaturas."

Además, para aquellos que han nacido del Espíritu, es un gran honor saber que hemos sido completamente tomados por el Señor. Todos nosotros somos uno en Cristo.

> **Efesios 2:13** nos dice: "Pero ahora en Cristo Jesús, vosotros que en otro tiempo estabais lejos, habéis sido hechos cercanos por la sangre de Cristo." Esto significa que no hay ninguna parte de nosotros que no esté cubierta por Su inmenso amor, ya que "Dios es amor."

Nacer del Espíritu es ser llenado y bautizado completamente por el Espíritu Santo de Dios, incluso ser saturado por el fuego del Espíritu de Verdad. Esto se entiende al comprender que Jesús es la verdad y la vida.

Jesús tuvo una conversación con Nicodemo, un fariseo, en la que explicó que nadie puede ver el reino de Dios sin nacer de nuevo. Nacer de nuevo significa nacer del agua y del Espíritu. Jesús compara este nuevo nacimiento con el viento que sopla donde quiere. Cuando nacemos del Espíritu, el Espíritu Santo entra en nuestro ser y nos transforma.

Este nuevo nacimiento nos permite ver el reino de Dios, que es invisible pero se revela a través de los ojos espirituales. En el reino de Dios, todas las cosas son visibles y reveladas, no hay secretos ni ocultamiento. Por eso es crucial nacer del agua de vida, que es Jesús, y del Espíritu de Dios.

Es importante entender que no hay una experiencia única de nacer de nuevo. Algunos pueden experimentarlo instantáneamente al entregar su alma al Señor, mientras que otros pueden atravesar un proceso de formación y revelación más largo. Lo esencial es que cada creyente tiene una experiencia personal y única con Dios y Su Palabra.

Cuando nacemos de nuevo, nuestros ojos espirituales pueden ver y nuestros oídos espirituales pueden escuchar la voz del Padre y del Espíritu Santo. Jesús nos asegura que Sus ovejas oyen Su voz, y Él les da vida eterna, y nadie las arrebatará de Su mano.

JUAN 10:27-28

Como creyentes en Jesucristo, podemos experimentar el bautismo del Espíritu Santo al sumergirnos en las aguas. Sin embargo, esto no ocurre con frecuencia.

> En el pasaje de **Juan 8:21-22,** "Jesús les dice a los judíos que si permanecen en Su Palabra, serán verdaderamente Sus discípulos y conocerán la verdad que los hará libres."

En **Mateo 28:19-20** " Jesús les instruye a Sus seguidores a hacer discípulos en todas las naciones, bautizándolos en el nombre del Padre, del Hijo y del Espíritu Santo, y enseñándoles a cumplir Sus mandamientos." También en **Marcos 16:16**, Jesús enfatiza que "aquel que cree y es bautizado será salvo."

Es importante destacar que estos casos de nacer de nuevo de manera sobrenatural no son comunes. Son excepciones raras y dependen de la disposición de la persona hacia el Espíritu Santo y la voluntad perfecta de Dios. Sería maravilloso si ocurriera en cada persona, pero hoy en día, debido a la religiosidad, el proceso de nacer de nuevo suele ser gradual y lento en muchos casos.

El versículo de **Ezequiel 36:26-28** habla de un nuevo corazón y un nuevo espíritu que Dios dará. Esto se relaciona con la transformación espiritual que ocurre en el proceso de nacer de nuevo. Cada persona puede tener una experiencia única y personal en este proceso.

La experiencia que compartes sobre tu propio trasplante de corazón por el Espíritu Santo es asombrosa y reveladora. Muestra cómo Dios puede operar de manera sobrenatural en la vida de las personas. Tu historia es un testimonio poderoso de la obra del Espíritu Santo en la transformación de corazones y vidas.

PREGUNTAS
Y ANALISIS

Responder Si o No

1.- Según **Juan 3:3-6** "De cierto de cierto te digo, el que no naciere del agua y del Espíritu, ¿no puede entrar al Reino de Dios."? _____.

2.- ¿Nacer del agua es nacer de Jesucristo?_____.

3.- ¿Es cierto que lo que es nacido de la carne carne es; y lo que es nacido del Espíritu, espíritu es?_____.

4.- ¿Es verdad, que nacer de las aguas es el testimonio de que genuinamente hemos creído en Jesús, como el Hijo de Juan el Bautista.? _____.

5.- ¿Somos engendrados por el Espíritu Santo al instante de recibir a Jesús, como nuestro salvador, en nuestro corazón.? _____.

6.- ¿Quién le dijo a la mujer Samaritana: Dame de beber?_____.

7.- ¿Quien le dijo a Jesús? "Señor dame esa agua, para que yo no tenga sed, ni venga aquí a sacarla" _____.

8.- ¿Qué es nacer del agua de vida?

a) · Es beber de sus fuentes.

b) · Es obedecer Su Palabra.

9.- Según **Santiago 1:18**, ¿Es cierto que El nos hizo por la palabra de _____, para que fuéramos las _____ de sus criaturas?

10.- Según **Juan 3:1-15** ¿Qué le dijo Jesús a Nicodemo con relación a nacer de nuevo ?

a) · El que no nace de nuevo no puede ver el reino de Dios.

b) · Nacer de nuevo es ser creyente de Jesucristo.

RESPUESTAS
Y ANALISIS

1.- Si

2.- Si

3.- Si

4.- No

5.- Si

6.- Jesús

7.- La mujer Samaritana

8.- c) y b)

9.-. Verdad, Primicia

10.- a) respuesta correcta
"El que no nace de nuevo, no puede ver el reino de Dios."

EL RENACER Y EL SER REGENERADO POR EL ESPÍRITU SANTO

La regeneración es un maravilloso proceso espiritual que afecta nuestra forma de pensar y actuar. La mayoría de las personas que han nacido de nuevo experimentan este cambio de manera significativa. Estas transformaciones tienen lugar en lo más profundo de nuestros corazones, gracias al trabajo del Espíritu Santo. Como resultado, nos volvemos más obedientes y nuestra búsqueda de Dios se intensifica.

El renacer es el resultado de nacer de nuevo. Implica dejar atrás nuestra antigua manera de vivir, como lo mencionó el apóstol Pablo en **Filipenses 3:14-14**: "Hermanos, yo mismo no considero haberlo ya alcanzado; pero una cosa hago: olvidando lo que queda atrás y extendiéndome a lo que está delante, prosigo a la meta, al supremo llamamiento de Dios en Cristo Jesús." En este proceso, desarrollamos la capacidad de mirar hacia el futuro, hacia el grandioso destino que todos tenemos por descubrir en Cristo, lo que resulta en la regeneración de nuestro entendimiento y una nueva forma de pensar.

> **2 Corintios 5:17** nos dice: "De modo que si alguno está en Cristo, nueva criatura es; las cosas viejas pasaron; he aquí todas son hechas nuevas."

A medida que experimentamos este renacimiento, nuestro alma se renueva. Comenzamos a hacer cambios significativos en nuestras formas de pensar y en nuestras decisiones. Dejamos atrás los malos deseos que desagradan a Dios. Comprendemos cada vez más la Palabra de Dios y nos despojamos del peso del pecado y de los pensamientos malignos que nos oprimen. Además, en nuestro interior, el Espíritu Santo nos alerta cuando nos acercamos a la tentación o actuamos de manera indebida.

Romanos 8:11 nos dice que "el Espíritu Santo, que habita en nosotros, da vida a nuestros cuerpos mortales, resucitando en nosotros la vida espiritual."

Este proceso de regeneración es una obra poderosa que transforma nuestro ser interior y nos lleva a vivir de acuerdo con la voluntad de Dios.

Recordemos que antes de venir a Cristo, estábamos muertos en delitos y pecados. Este proceso es muy diferente en cada persona debido a diversas circunstancias que pueden dificultar nuestro acceso a un conocimiento profundo y a la revelación de las verdades de las Escrituras.

El Espíritu Santo nos ayuda a acelerar el proceso de santificación, pero la religiosidad tiende a hacerlo más lento. La religión puede dilatar el tiempo de restauración en el pueblo de Dios al introducir falsas doctrinas y dogmas humanos que no se encuentran en la Biblia. Esto se debe a prácticas ancestrales y tradiciones impuestas, así como a la falta de discernimiento y conocimiento de las leyes y estatutos dados por Dios.

Creo que esta transición está condicionada por múltiples sistemas religiosos que suelen estar muy influenciados por quienes los establecen y por aquellos que los adoptan por ignorancia o conveniencia.

Estos sistemas suelen ser legales y tradicionales, lo que dificulta que los nuevos creyentes sean guiados y dirigidos por el Espíritu Santo. Lamentablemente, esto se aleja de lo que Jesucristo enseñó.

Esta situación dificulta el anhelo del corazón del nuevo creyente de ser guiado y dirigido por el Espíritu Santo, que es el testimonio de Jesús y el Espíritu de la profecía, como se menciona en **Apocalipsis 19:10**.

Ser testigo de Jesús implica haber experimentado su presencia, haberlo visto y escuchado a través del Espíritu Santo, en lugar de basarse en tradiciones o estructuras religiosas creadas por el hombre.

El encuentro con Jesús, ya sea de manera natural o sobrenatural, no debe estar sujeto a la rigidez de un sistema eclesiástico, ya que el Padre tiene una forma única y personal de relacionarse con cada nuevo creyente.

En mi opinión, todos necesitamos ser guiados e instruidos por Dios, así como buscar comunidad y ser pastoreados por líderes espirituales que tengan un profundo entendimiento de la Palabra de Dios. No debemos permitir la manipulación de organizaciones religiosas, sino fomentar el crecimiento espiritual de los creyentes y guiarlos hacia el nuevo nacimiento por agua y Espíritu.

Lamentablemente, muchos líderes espirituales carecen de una verdadera experiencia de regeneración y no han recibido la revelación ni el conocimiento de las verdades del evangelio de Jesucristo.

Estos líderes y ministros deben ser testigos genuinos de Jesucristo y representar el reino de Dios, que es un reino de luz y no tolera la oscuridad. La falta de revelación del reino de Dios ha dejado al pueblo en la oscuridad, buscando la verdad en vano.

Algunos líderes religiosos han priorizado la aprobación de los hombres sobre Dios y se aferran a sistemas religiosos y al legalismo. La Iglesia de Jesucristo necesita una reforma y un renacimiento que la transformen a la imagen de Jesucristo, quien es la cabeza de la Iglesia.

> "Hermanos, yo mismo no considero haberlo alcanzado todavía; pero una cosa hago: olvidando lo que queda atrás y esforzándome por alcanzar lo que está delante, sigo avanzando hacia la meta para ganar el premio que Dios nos ofrece mediante Cristo Jesús."
>
> **Filipenses 3:13-14**

Este renacimiento es obra del Espíritu Santo, que actúa de manera asombrosa. Nos lleva a olvidar el pasado y a avanzar hacia la meta que es Cristo Jesús, nuestro Señor. Nos impulsa a descubrir el llamado y el diseño que el Creador tiene para cada uno de nosotros. Al conocer y permanecer en Cristo Jesús, experimentamos una maravillosa regeneración del entendimiento, lo que cambia radicalmente nuestra antigua forma de pensar y actuar.

> "De modo que si alguien está en Cristo, es una nueva creación; las cosas viejas pasaron, todas son hechas nuevas."
>
> **2 Corintios 5:17**

En otras palabras, aquel que ha nacido de nuevo comienza a experimentar de manera sobrenatural un acceso al trono de Dios, lo que se refleja en su progreso espiritual. Este nuevo nacimiento despierta un gran deseo de buscar más de su Padre, permanecer en su presencia, profundizar en su Palabra y beber más de Cristo. Con el tiempo, alcanza dimensiones celestiales y sobrenaturales que están disponibles para sus hijos.

> "Pero si el Espíritu de aquel que resucitó a Jesús de entre los muertos habita en ustedes, el mismo que resucitó a Cristo Jesús de entre los muertos también dará vida a sus cuerpos mortales por medio de su Espíritu que habita en ustedes."
>
> **Romanos 8:11**

Este versículo habla del Espíritu de resurrección, el mismo que resucitó a Jesús. Él nos renueva, regenera y transforma por completo. Como resultado, nos convertimos en nuevas personas. Es asombroso lo que Dios puede hacer por aquellos que entregan sus vidas a Él.

> "No se amolden al mundo actual, sino sean transformados mediante la renovación de su mente. Así podrán comprobar cuál es la voluntad de Dios, buena, agradable y perfecta."
>
> **Romanos 12:2**

Hace muchos años que el Espíritu de Dios nos está llamando a despertar, especialmente a ser renovados en nuestra manera de entender y pensar con la mente de Cristo.

Creo que al revelarse esta palabra, el Espíritu Santo nos está preparando para todo lo nuevo. Dios anhela soltar todas las bendiciones desde su corazón para todas sus criaturas. Siempre está buscando corazones dispuestos y listos para sumergirlos en las profundidades de su reino.

¿QUÉ SUCEDE CUANDO OCURRE LO CONTRARIO?

Cuando un creyente no ha nacido de nuevo, es semejante a un niño recién nacido. Este no sabe cómo manejar la vida cotidiana sin la ayuda de sus padres o de un adulto. El proceso de nacer de nuevo avanza lentamente, aunque, por supuesto, hay algunas excepciones.

Si el niño tiene hambre, llora y se le alimenta. Si tiene dolor de estómago, también llora. Si está sucio, da señales de que necesita atención. De igual manera, ocurre con las necesidades físicas y emocionales fundamentales de un nuevo creyente. El nuevo hijo de Dios pide ayuda cuando la necesita, solicita oraciones cuando está enfermo o enfrenta situaciones difíciles. Aunque estas pruebas puedan parecer pequeñas para los creyentes maduros, el recién nacido espiritual todavía está aprendiendo a discernir de dónde provienen los ataques espirituales y a comprender las artimañas del enemigo. Necesita desarrollar las estrategias espirituales que se encuentran en las Escrituras.

RESUMIENDO LO QUE REALMENTE SUCEDE AL NACER DEL ESPÍRITU:

Esto ocurre de manera sobrenatural al ser lleno y bautizado por el poderoso Espíritu Santo. Puede aumentar a medida que desarrollamos un apetito espiritual, dedicándonos a la oración y sumergiéndonos en el conocimiento y la revelación de sus verdades. También, al tomar la Cena del Señor adecuadamente y practicar el ayuno según lo establecido en **Isaías 58**, con el entendimiento de lo que el Apóstol Pablo nos explica en sus cartas.

Te invito a leer el tema uno, "El Verdadero Ayuno del Señor," en el libro "**Jesus, El es**...serie #2," donde explico las profundidades de estas Escrituras y sus resultados al practicarlas con la motivación adecuada.

Es importante destacar que no debemos hacerlo de manera religiosa ni rutinaria, sino ser guiados por Él en todo momento. Aquellos que nacen del Reino de Dios oran desde ese mismo reino y buscan en el espíritu, donde pueden ver el reino y escuchar Su voz.

Como fruto espiritual, somos santificados y purificados de manera acelerada y espontánea, y el deseo de agradarle más y más crece en nosotros, formando una dinámica de amor y unidad.

Buscamos más intimidad con nuestro Padre Celestial y un mayor deseo de escudriñar las Escrituras. Esto nos lleva a mantener una vida de adoración y consagración cada vez más intensa, desarrollando hambre y sed de estar en su divina presencia.

Cuando estamos hambrientos espiritualmente, bebemos más de su sangre y comemos más de su carne a través de la Cena del Señor. Al poner en práctica todos los mandatos y estatutos, somos fortalecidos y bendecidos en su compañía, lo que nos ayuda a vencer las tentaciones y artimañas del enemigo.

Cuando estudiamos las Escrituras bajo la guía del Espíritu de Verdad, experimentamos un deleite y una relación íntima con Él, lo que resulta en crecimiento y madurez espiritual, así como una pasión profunda por su inmenso amor.

Todo lo que aprendemos debe venir del Espíritu del Padre, no de deseos carnales, tradiciones religiosas o costumbres antiguas. Estas enseñanzas provienen de los manantiales de sus aguas vivas, las revelaciones que están en el corazón del Padre.

Por eso Jesús le dijo a la mujer Samaritana en **Juan 4:14**: "Más el que beba del agua que yo daré, no tendrá sed jamás; sino que el agua que yo le daré será en él una fuente de agua que salte para vida eterna."

Te animo a vivir esta experiencia y a beber de las fuentes de agua viva que Él ofrece.

PREGUNTAS
Y REFLEXIONES

| TEMA DIEZ |

Responde Si o No

1.- ¿Es el proceso de regeneración en cada persona distinto? _____

2.- ¿Cree que este proceso está manipulado por los líderes legalistas y tradicionalistas? _____

3.- ¿El encuentro personal con Jesus, se produce de manera espontánea y sobrenatural? _____

4.- ¿Cree que los líderes religiosos y tradicionales, han nacido de nuevo? _____

5.- ¿Ser testigo de Jesús, es aquella persona que ve y oye el reino de Dios? _____

6.- ¿El nacido de nuevo experimenta el reino de Dios? _____

7.- ¿Ser lleno y bautizado por el Espíritu Santo, ocurre de una manera tradicional y común?

_____

8.- ¿Es necesario desarrollar una relación con Dios constantemente, y conocer Su Palabra para alcanzar madurez espiritual? _____

9.- ¿La regeneración es un grandioso cambio en las personas nacidas del agua y del Espíritu?

_____

10.- ¿El renacer es producido al ser engendrado por el Espíritu Santo? _____

RESPUESTAS

| TEMA DIEZ |

1.- No

2.- Si

3.- Si

4.- No

5.- Si

6.- Si

7.- No

8.- Si

9.- Si

10.- Si

LA ORFANDAD

¿QUÉ ES LA ORFANDAD ESPIRITUAL Y NATURAL?

Una persona huérfana carece de uno o ambos padres debido a diversas razones.

ALGUNAS CAUSAS DE LA ORFANDAD:

1. La muerte de uno o ambos padres.

2. El abandono por parte de los padres.

3. Hay numerosas circunstancias que pueden dejar a un niño sin madre y/o padre.

Sin juzgar, solo Dios conoce la verdadera causa y las circunstancias detrás de estas separaciones.

Por ejemplo, en las noticias y videos sobre la guerra entre Ucrania y Rusia, hemos visto cómo los padres entregan a sus hijos a periodistas y otras personas que están abordando aviones, trenes y autobuses para que los niños escapen de la muerte segura. Lo hacen por amor a sus hijos, con dolor y tristeza, pero saben que es lo mejor para que los niños sobrevivan.

Estos padres no están evadiendo sus responsabilidades ni su compromiso como padres. Nuestro Padre Celestial hizo un acto de amor similar al entregar a su único Hijo, Jesucristo, quien fue crucificado en la cruz del Calvario. A través de este acto de amor, nosotros, sus criaturas, tenemos la posibilidad de salvación y vida eterna al conocerlo y aceptarlo como nuestro amado Padre.

La inmigración a otras naciones por razones económicas es otra causa común de orfandad. Los padres a menudo buscan un futuro mejor para sus familias, ya sea escapando de desastres naturales como huracanes y terremotos, o huyendo de amenazas de muerte, guerrillas y pandillas en América Latina y otras partes del mundo. Hay numerosas razones que pueden llevar a la separación de padres e hijos, esposos y otros familiares. No debemos juzgar ni condenar a nadie, ya que muchas de estas situaciones son difíciles y desesperadas.

La orfandad no se limita a niños abandonados y desamparados, sino que también incluye a aquellos que no han sido reconocidos legalmente como hijos legítimos. Muchos niños huérfanos viven con parientes cercanos o en hogares de crianza, a veces llamados orfanatos o fundaciones en algunas partes de América del Sur. Lamentablemente, en todo el mundo, algunos huérfanos han sufrido abusos, violencia y explotación por parte de parientes o personas sin escrúpulos.

Existen padres sustitutos subsidiados por el Estado u organizaciones benéficas, así como ministerios cristianos y misioneros dedicados a ayudar a estos niños y llenar el vacío dejado por sus padres. Algunos huérfanos no reciben herencia de sus padres biológicos ni pueden costear sus gastos escolares, y lamentablemente, los llamamos huérfanos naturales.

En la sociedad actual, la desintegración familiar es una preocupación creciente. Los lazos entre padres e hijos están desapareciendo, y no se están tomando medidas significativas para fortalecerlos. Las razones de esta separación incluyen la pobreza, la búsqueda del "**sueño americano**", las guerras, la inmigración y el divorcio. Estos factores contribuyen a la separación de las familias.

La separación de las familias es un tema desgarrador, especialmente en el caso de los refugiados de las guerras. A menudo vemos en las noticias y documentales cómo miles de familias se ven obligadas a abandonar sus hogares para salvar sus vidas. En algunas situaciones extremas, incluso entregan a sus hijos pequeños a reporteros de noticias, como lo vi en un noticiero durante el inicio de la guerra entre Ucrania y Rusia. Esta es una situación conmovedora y comprensible, ya que los padres lo hacen por amor a sus hijos, buscando proteger sus vidas y evitar que mueran en la guerra.

Es importante recordar en nuestras oraciones a estos niños huérfanos y confiar en que el Padre Eterno los protegerá y enviará ángeles para cuidarlos.

Otro aspecto de la inmigración que enfrentamos en estos tiempos es la difícil situación de los refugiados políticos. En los países subdesarrollados, la pobreza y la falta de recursos económicos a menudo obligan a las personas a buscar una vida mejor en naciones más prósperas. Algunos también huyen de la corrupción de las autoridades y la mala gestión gubernamental, que causa un desequilibrio económico y social. Otros abandonan a sus familias debido a la falta de compromiso y responsabilidad paterna.

El tema del divorcio también es una triste realidad. Podríamos decir que es uno de los principales factores que contribuyen a la existencia de muchos niños huérfanos, que son criados por padres o madres solteros. Las estadísticas de matrimonios divorciados son cada vez más alarmantes en estos tiempos, incluso entre matrimonios de fe cristiana. Según una investigación realizada en febrero de 2014 por la Universidad Baylor en Waco, Texas, la tasa de divorcio es del 38%, y esto incluye a matrimonios evangélicos. Esta estadística es sorprendente, pero es una realidad que debemos enfrentar.

Como creyentes en el Señor Jesucristo, debemos analizar seriamente cuáles son las principales causas de los divorcios en la comunidad cristiana y buscar soluciones. También debemos cuestionar la abrumadora cantidad de actividades en las agendas de los líderes, ya que estas pueden estar contribuyendo a la desintegración familiar en la comunidad.

¿Cómo sucede esto? Puedo responderte fácilmente. Sucede debido al activismo en las congregaciones, donde más del setenta y cinco por ciento de las actividades se enfocan en cada miembro de la familia por separado.

Por ejemplo, se realizan entrenamientos para los diferentes equipos de trabajo con sus líderes y miembros durante los primeros tres meses del año. Luego, se acercan las conferencias, los retiros para niños, damas, caballeros, jóvenes, campañas evangelísticas y otras actividades dirigidas a la comunidad. Aunque todas estas actividades son interesantes y necesarias, no están contribuyendo a la estabilidad de los matrimonios.

Al final del año, se lleva a cabo un retiro de parejas en un resort o una cabaña, donde se invita a un psicólogo, un sexólogo y un consejero matrimonial para abordar los problemas y crisis causados por la falta de tiempo de calidad en la familia y la escasa atención que se han brindado mutuamente.

Estos consejos son valiosos y poderosos, pero como iglesia de Cristo, necesitamos formarnos mejor, fortalecer nuestros lazos familiares y aumentar nuestra relación y comunión con nuestro Salvador. Deberíamos valorarnos más y transmitir valores como el amor, la integridad y la honestidad.

En resumen, en este tema, creo firmemente que necesitamos más sabiduría y la guía del Espíritu Santo para mejorar nuestras relaciones familiares. Las corrientes religiosas, estructuras y movimientos a menudo nos dejan espiritualmente secos y como huérfanos, ya que no tenemos tiempo para buscar al Creador ni fuerzas para conocerlo más, a pesar de que anhela nuestra alma y nuestro corazón. Nos queda poco tiempo para escuchar el canto de las aves, la lluvia y contemplar las estrellas brillando en el cielo.

¿Existen huérfanos espirituales? Sin lugar a dudas, abundan personas que viven sin conocer a su Padre Celestial, viviendo sin Dios y sin esperanza. Son hombres y mujeres que carecen de fe, Jesucristo y un encuentro sobrenatural con el verdadero amor de Dios.

CARACTERÍSTICAS DE LOS HUÉRFANOS ESPIRITUALES

Desde que Dios expulsó a Adán y Eva del Edén, el espíritu de orfandad se ha manifestado en toda la tierra. En ese mismo momento, entró en ellos un sentimiento de abandono total, marcando una separación y soledad completa. Esto generó un profundo sentido de aislamiento en toda la humanidad.

Como resultado, ha surgido un fuerte sentimiento de orfandad al vivir fuera del alcance de Cristo. Este espíritu ha dado lugar a celos, conflictos, baja autoestima, soledad y desesperanza. Incluso ha llevado a casos de homicidio y enemistades entre las familias, como el trágico episodio de Caín y Abel.

En **Génesis 4:8-9,** se relata cómo Caín se enojó y mató a su hermano Abel debido a que Dios aceptó la ofrenda de Abel y rechazó la de Caín. Esto desencadenó una maldición sobre Caín y mostró cómo los celos y la envidia pueden provocar tragedias familiares.

A veces, simplemente hacer lo que es bueno ante los ojos de Dios no es suficiente. El enemigo de las almas, Satanás, acecha como un león rugiente en busca de presas para devorar. Por lo tanto, se nos exhorta a ser sobrios y vigilantes, resistiendo firmes en la fe para no sucumbir a sus maquinaciones, como se menciona en **1 Pedro 5:8-9**.

LOS HUÉRFANOS ESPIRITUALES

Los huérfanos espirituales muestran un comportamiento característico impulsado por la falta de amor, lo que genera una profunda dependencia e inseguridad en su interior. Estas personas están completamente desconectadas del amor de Dios y es probable que nunca hayan experimentado un encuentro personal y maravilloso con Él, con el Dios que los cuida de manera única y especial.

En su corazón, los huérfanos espirituales anhelan desesperadamente ser aceptados y amados, especialmente por sus seres queridos. Sin embargo, la orfandad espiritual no se supera con una simple oración; estos individuos buscan constantemente la aprobación de sus familias, maestros y líderes. Este comportamiento cambia drásticamente cuando sienten el inmenso amor del Padre Celestial, lo que les permite ganar confianza en sí mismos y liberarse del espíritu de la orfandad.

A medida que experimentan un renacimiento interior, impulsado por la presencia del **"Sol de Justicia"** (Jesús) en sus vidas, su pensamiento se transforma, y su actitud refleja un fuerte deseo de superación. También muestran un profundo interés por estudiar la Palabra de Dios y participar en cursos de discipulado en sus congregaciones, lo que despierta sus dones espirituales y habilidades de manera asombrosa.

La familia y la comunidad juegan un papel fundamental en el apoyo a estos individuos. La afirmación, la admiración y el respaldo de los seres queridos son cruciales para romper el ciclo de abandono espiritual.

Mi relato personal destaca la profunda búsqueda de amor y pertenencia que experimente en la juventud, a pesar de vivir en un entorno familiar. Mi anhelo de tener una conexión fraternal y espiritual me llevó a buscar a Dios desesperadamente, lo que finalmente resultó en un encuentro genuino con mi Padre Celestial. Esta experiencia me permitió encontrar mi identidad y sentido de pertenencia, así como valorar mi vida y apreciar los abrazos de mi Abba Padre.

Entonces, empecé a buscarlo desesperadamente todas las tardes al regresar de la escuela. Subía al techo de mi casa, me acostaba boca arriba y fijaba mis ojos en el firmamento. Estaba allí, esperando una señal del cielo que dejara rastro de su existencia. Aunque mis ojos no lo veían, mi espíritu lo percibía intensamente. Lo anhelaba desesperadamente, y mi alma lo sentía muy cerca de mí.

Con el paso de los años, finalmente ocurrió el ansiado encuentro con mi amado Padre Celestial. Entonces pude tener un encuentro genuino con Él. Como resultado de esa íntima relación, encontré mi identidad y un sentido de pertenencia. A partir de ese momento, comencé a valorar mi vida y a buscar con aprecio los abrazos de mi Abba Padre.

Permítanme compartirles que en una noche durante mi búsqueda, el Padre Celestial vino a mí. Sí, vino y me abrazó con una ternura que nunca podré olvidar. Experimenté su dulce y hermoso abrazo hacia mí. Pude comprender cuán bello y precioso es el Señor y cuán maravilloso es su inmenso amor por mí.

La llamada orfandad ya no tiene lugar en mi vida. El Padre Eterno llena cada fibra de mi ser. El enemigo nunca más podrá decirme que no soy nadie ni que carezco de propósito. Ya no podrá desanimarme, porque tengo la certeza de que soy hija del Padre más poderoso en todo el universo. Sé muy bien que soy su maravillosa creación y me ha quedado muy claro que si vivo, es gracias a la fe en su hijo Jesucristo.

Como dice el **Salmos 27:10** "Aunque mi padre y mi madre me abandonen, el Señor me recogerá".

JESÚS ES NUESTRA SOLUCIÓN

Hay buenas noticias y esperanza para los huérfanos, las viudas y los padres solteros. Recuerda que Jesús, Él es... quien vino a darnos la paternidad del Padre Celestial. Él es nuestro creador, redentor y salvador.

Fue a través del precioso sacrificio que hizo nuestro Señor Jesús que tenemos vida en abundancia y recibimos la paternidad de nuestro Padre Celestial.

Esto ocurre cuando nosotros decidimos recibir a su único Hijo como nuestro Salvador y Señor en nuestras vidas. Es por el Espíritu Santo que fuimos engendrados como hijos de Dios. Ya no seremos llamados huérfanos, bastardos ni algo parecido. No volveremos a sentirnos inseguros, desamparados ni rechazados. Al contrario, al ser hijos de Dios, hemos encontrado nuestra verdadera identidad.

Todos nosotros somos adoptados por el Shaddai, que en el idioma hebreo es uno de los nombres más conocidos de Dios, que lo describe como el Omnipotente, el Todopoderoso. En la traducción al inglés, el significado del Shaddai es "God Almighty", ¡nuestro grandioso y poderoso Dios!

Podemos simplificar esto con una recomendación que me hizo un amado hermano sobre la orfandad espiritual: "La orfandad espiritual no se puede quitar con una oración y ya se fue. Este vacío y abandono solamente pueden ser llenados con un encuentro personal con el Padre Celestial."

Jesús, El es...el único ser en todo el planeta tierra que puede llenar ese vacío en toda la plenitud de la unidad del Padre y el Espíritu Santo.

Efesios 2:10 nos dice: "Porque somos hechura suya, creados en Él para buenas obras."

Cada hijo del Padre está diseñado con grandes virtudes, talentos y dones, además de un gran propósito para vivir y ser usado de manera gloriosa.

PREGUNTAS
Y REFLEXIONES

Sobre la Orfandad natural

1.- ¿Es causada por la voluntad de Dios?_____.

2.- ¿Es provocada por la muerte de ambos padres y/o por uno de ellos?_____.

3.- ¿Por el abandono o la separación de los padres? _____.

4.- ¿En el caso de los refugiados de la guerra?_____.

5.- ¿Por la inmigracion a otras naciones? _____.

6.- ¿Acaso es el deseo de un buen padre, dejar abandonados a sus hijos _____?

Sobre la Orfandad Espiritual conteste Si o No

7.- ¿Esta se quita fácilmente con una oración? _____.

8.- ¿Es acaso la orfandad espiritual quitada con un encuentro genuino con el Padre Celestial?_____.

9.- ¿Son muy abundantes los huérfanos espirituales? _____.

10.- Mencione algunas características de huérfanos espirituales.

1.-_____

2.-_____

3.-_____

RESPUESTAS

1.- No

2.- Si

3.- Si

4.- Si

5.- No

6.- No

7.- No

8.- Si

9.- Si

10.- Algunas de las características que presentan de los huérfanos espirituales:

• Sentimientos de rechazo.

• Falta de identidad.

• Baja autoestima.

• No son muy sociables.

• Ellos buscan a alguien de quién depender en todas sus necesidades espiritualmente.

12

LA
VERDADERA
IDENTIDAD
DE SER HIJO
DE DIOS

ENCONTRANDO MI VERDADERA IDENTIDAD DE SER HIJO DE DIOS

Tenemos una identidad como hijos de Dios. Eso implica tener el ADN de Cristo y ser uno con Él. Es haber nacido de Dios.

"Así que ya no eres esclavo, sino hijo; también heredero de Dios por medio de Cristo."

Gálatas 4:7

"Yo anunciaré el decreto; Jehová me ha dicho: 'Mi hijo eres tú; yo te he engendrado hoy.'"

Salmos 2:7

Ser hijo del Padre es haber sido engendrado por el Espíritu de Dios, espiritualmente hablando. Y nadie más que Dios nos ha engendrado en Él y a través de nuestros padres naturales. Al instante que se nos revela la paternidad de Dios, podemos hacer una gran proclamación y celebración. Es un gozo grandioso sentirnos "hijos" del Padre de las luces, del Shaddai, del Cuidador, y saber que Adonai es nuestro Señor. Él es nuestro salvador. Fue él mismo quien nos creó y pagó por nuestra redención, el rescate.

"Él me clamará: 'Mi padre eres tú, Mi Dios, y la roca de mi salvación. Yo también le pondré por primogénito, el más excelso de los reyes de la tierra.'"

Salmos 89:26-27

David ha formado un lazo, un vínculo estrecho al reconocer quién es su Salvador. Es hermoso estar consciente de esta identidad, al igual que la unicidad que existe entre el Padre, el Hijo y el Espíritu Santo. Esa misma unidad y relación estrecha debe existir entre el Padre y nosotros, sus hijos.

> "Y yo seré para vosotros Padre, y vosotros me seréis hijos e hijas," dice el Señor Todopoderoso."
> **2 Corintios 6:18.**

Así queda establecido el pacto de amor y compromiso de Dios hacia sus hijos. Es muy interesante reafirmar que quienes tienen esta identidad tienen un gran privilegio y una tremenda bendición.

> "Pero a todos los que le recibieron, a los que creen en su nombre, les dio el derecho de ser hijos de Dios. No nacieron de sangre ni de deseo carnal ni de deseo de hombre, sino que nacieron de Dios."
> **Juan 1:12-14**

Cuando usted decide recibir a su amado hijo Jesús, instantáneamente, obtiene el derecho legal de ser un hijo de Dios.

> "Pues todos los que son guiados por el Espíritu de Dios son hijos de

Dios. No han recibido un espíritu que los esclavice y los haga temer de nuevo; más bien, han recibido el Espíritu de adopción, por medio del cual clamamos: ¡Abba, Padre!"

Romanos 8:14-17

El Espíritu Santo da testimonio a nuestro espíritu de que somos hijos de Dios y también herederos de todas las riquezas, tanto de las que están en la tierra como de las que están en los lugares celestiales, a través de Jesús.

La palabra "guiados" tiene varios sinónimos que enfatizan su significado, y cada uno de estos tiene una función específica en nosotros.

Por ejemplo, somos:

- Aconsejados

- Dirigidos

- Controlados

- Advertidos

- Avisados

- Gobernados

- Asesorados

- Orientados

- Encaminados

- Manejados

El Espíritu Santo realiza todas estas funciones en los verdaderos hijos de Dios. Además, nos deja claro que a aquellos que obedecen su dirección, guía y consejo se les llama "**verdaderos hijos de Dios**". Esto nos hace comprender que también existen falsos hijos de Dios.

"Y a los que predestinó, a éstos también llamó; y a los que llamó, a éstos también justificó; y a los que justificó, a éstos también glorificó."

Romanos 8:30

Dios nos predestinó, nos llamó, nos justificó y nos glorificó. ¡Qué poderoso! Es decir, aquel que se hace el sordo y no obedece al Padre, queda totalmente descalificado para llamarse hijo de Dios, tal como nos lo indican estos versículos. Comprendemos claramente que ser hijo del Padre Celestial es una cuestión de obediencia total. No hay otra manera. Si vivimos sin nuestro amado Jesús como nuestro Señor y Salvador, y sin la guía y el consejo de Su Espíritu Santo, es imposible ser hijos obedientes del Padre.

SER TESTIGOS DE JESUCRISTO

Ser **testigo** significa estar presente, ver y escuchar lo que sucede. Esto le otorga a alguien el derecho a dar testimonio, convirtiéndose en un testigo real.

"Puesto que muchos han tratado de poner en orden una relación de los hechos que se han cumplido entre nosotros, tal como nos los entregaron los que desde el principio fueron testigos oculares y ministros de la palabra."

Lucas 1:1-2

Un testigo es alguien que conoce todos los detalles y puede contar la historia porque estuvo presente, vio y escuchó lo que sucedió.

"Y ustedes también darán testimonio, porque han estado conmigo desde el principio."

Juan 15:27

Jesús fue la persona que estuvo presente desde el principio de los eventos.

"Ustedes son testigos de estas cosas."

Lucas 24:48

Los apóstoles Juan y Lucas se refieren a las obras que Jesús realizó, todos los milagros, sanaciones y liberaciones. Fueron verdaderos testigos que lo acompañaron desde el inicio de su ministerio. Quienes estuvieron con Juan el Bautista también fueron testigos de Jesús cuando fue bautizado y el Espíritu Santo descendió en forma de paloma y se posó sobre su cabeza. Lo vieron con sus propios ojos y escucharon la voz del Padre que decía: "Este es mi Hijo amado, en quien tengo complacencia."

"Y el Espíritu Santo descendió sobre él en forma de paloma, y se oyó una voz del cielo que decía: 'Tú eres mi Hijo amado; estoy muy complacido contigo.'"

Lucas 3:22

El Padre Celestial identificó a Jesús como su único Hijo, lo cual es extraordinario. Todos los hijos de Dios fueron creados para realizar buenas obras y poseen dones y talentos. La gracia y el favor de Dios se derraman sobre cada creyente. Ya tenemos la identidad y la capacidad dentro de nosotros para hacer lo que nuestro Abba predestinó antes de que fuéramos formados. Recibimos los dones cuando fuimos bautizados y llenos por el Espíritu Santo.

"No quiero, hermanos, que ignoren acerca de los dones espirituales. Saben que cuando eran gentiles, los llevaban como si fueran a ídolos mudos. Por eso les informo que nadie puede decir: '¡Jesús es anatema!', si no es por el Espíritu Santo."

1 Corintios 12:1-3

Existen diversas dones, ministerios y operaciones, pero el Señor es el mismo en todos ellos. Todo esto se recibe para el beneficio de aquellos que tienen la identidad de hijos del Padre Eterno.

"El que venciere heredará todas las cosas; y yo seré su Dios; y él será mi hijo."

Apocalipsis 21:7

Tenemos una carrera que recorrer, un largo camino por andar en nuestra vida. Si obedecemos las reglas y ejercitamos los músculos, al correr en la competencia podremos llegar a la meta y ser vencedores. Entonces, recibiremos el premio y el galardón de ser hijos fieles. La promesa es que recibiremos todas las cosas, tanto las de la tierra como las del cielo.

"En él también vosotros habéis oído la palabra de verdad, el evangelio de vuestra salvación, y habiendo creído en él, fuisteis sellados con el Espíritu Santo de la promesa."

Efesios 1:11-13

Al ser considerados hijos de Dios, tenemos muchos privilegios y responsabilidades.

"Todo aquel que cree que Jesús es el Cristo, es nacido de Dios; y cualquiera que ama al que ha engendrado, ama también al que es nacido de Él."

1 Juan 5:1

Estas palabras nos brindan una poderosa revelación. Si creemos que Jesús es el Cristo, somos nacidos de Dios, y si amamos a quien Él ha engendrado, también debemos amar a quienes son nacidos de Cristo. Concluimos que debemos amar a nuestros hermanos en Cristo. Amén.

PREGUNTAS
Y REFLEXIONES

| TEMA DOCE |

Contesta Si o No

¿Cuál sería nuestra identidad al ser hijo de Dios?

1.- ¿Es tener el ADN de Cristo? _____

2.- ¿Será que hemos sido engendrados por el Espíritu Santo? _____

3.- ¿Es haber nacido de Dios? _____

4.- ¿Somos engendrados naturalmente por nuestros padres naturales, y con el diseño de Dios? _____

5.- ¿Cuando David reconoció su identidad?, en el **Salmos 89:26-27** _____

6.- ¿La palabra por el Espíritu Santo, significa?

_____

7.- ¿Cómo son llamados los que obedecen al Padre?

_____

_____

8.- ¿Qué es ser un testigo de Jesús, definirlo?

_____

_____

9.- ¿Los que estuvieron con Juan el Bautista, ellos fueron _____, del bautismo de Jesús?

10.- Según **1 Corintios 12:1-3**

"...Que nadie que hable por el Espíritu Santo llama _____ a Jesús. Y nadie puede llamar a Jesús "Señor", sino es por el_____."

RESPUESTAS

1.- Si

2.- Si

3.- Si

4.- Si

5.- No

6.- Entre otros beneficios, somos:

Aconsejados, dirigidos, controlados, asesorados y también orientados.

7.- Son verdaderos hijos de Dios.

8.- Ser testigos de Jesucristo es aquella persona que estuvo presente. Además, lo sabe todo, porque vio, y oyó todo lo que sucedió.

9.- Ellos fueron testigos.

10.- Anatema; Espíritu Santo

EPÍLOGO

Quiero agradecerles de corazón, amados hermanos y amigos, por permitirme acompañarlos en este tercer libro, **"Encontrando mi verdadera identidad"**.

El Padre desea ardientemente que descubramos quiénes somos realmente y que lleguemos a conocer verdaderamente quién es Él, nuestro Padre.

La crisis de identidad que estamos experimentando en estos tiempos es asombrosa. Conocer tu identidad te dará una poderosa unción de revelación y discernimiento, lo que te permitirá liberarte a ti mismo y liberar a otros de los ataques del enemigo.

Los bendijo abundantemente en todo lo que el Padre ha diseñado para ustedes. Mi deseo más profundo es que al leer y meditar en esta enseñanza, hayan experimentado todo el amor del Padre Celestial. Ahora pueden honrarlo de la misma manera que aprecian y valoran a sus padres naturales, quienes Dios destinó para traerlos al mundo y establecer en cada persona sus diseños y propósitos.

Hasta la próxima publicación, amigos. Espero que esta sea de gran beneficio para todos.

¡Ricas y abundantes bendiciones!

Maritza Rivera

MARITZA RIVERA

Nacida en la República Dominicana y residente en los Estados Unidos, específicamente en la ciudad de Nueva York, desde el año 1987. En donde se ha desempeñado como diseñadora en el mundo de la moda durante varias décadas.

Desde una edad temprana, fue llamada por Dios para predicar el evangelio de salvación y liberación, viajando a diferentes naciones como evangelista y conferencista. Siempre ha estado comprometida en la evangelización y el discipulado, desafiando paradigmas y estructuras religiosas bajo la dirección del Espíritu Santo.

Obtuvo una licenciatura en Teología y una maestría en Consejería Cristiana. También fue ordenada como pastora. Es la fundadora del Ministerio Internacional Cristo a las Naciones y Valientes del Reino, junto con su esposo Rodolfo Rivera. Lleva enseñanzas y restauración de los cinco ministerios y proclama el mensaje de salvación, liberación y sanidad a todos los necesitados, con maravillosas manifestaciones de la gloria de Dios. Imparte la verdad de la Palabra en clases en línea. Maritza se define a sí misma como una mujer valiente y adoradora incansable.

"Mi mayor honor es ser una hija escogida del Padre Celestial para establecer Su reino de luz y justicia, desenmascarando todas las tinieblas al discernir lo falso de la religiosidad.

Soy esposa y madre de tres preciosos hijos: Tony, Abigail y Rodolfo. También soy abuela de mi preciosa Zoe Noel. Siempre estoy lista para hacer la perfecta voluntad del Padre."

ENCONTRANDO MI
IDENTIDAD

Made in the USA
Middletown, DE
29 October 2024